AF603358

# RÉFORMATION GENÉRALE

de la Maîtriſe

DES EAUX ET FORÊTS DE CAUDEBEC,

*Département de Roüen,*

**ORDONNÉE** par Arreſt du Conſeil & Lettres Patentes, du 17. Mai 1735. regiſtrées au Parlement de Roüen, le 27. Juin, au Gréfe de la Réformation generale, le 21. Juillet, à celui de la Maîtriſe de Roüen, le 22. Juillet 1735. & au Gréfe de la Maîtriſe de Caudebec, le 1. Aouſt 1735.

*A ROUEN,*

Chez JEAN-B. BESONGNE, Imprimeur ordinaire du Roy, au coin de l'autre côté de la Fontaine S. Lo, à l'Imprimerie du Louvre.

M. DCC. XXXIX.

*AVEC PRIVILÉGE DE SA MAJESTÉ.*

# ARREST DU CONSEIL D'ETAT DU ROY,

## ET LETTRES PATENTES,

*PORTANT qu'il ſera procédé à la Réformation generale des Maîtriſes de Roüen & de Caudebec, & des Bois & Forêts en dépendans.*

Du 17. Mai 1735.

*Extrait des Regiſtres du Conſeil d'Etat.*

LE ROY s'étant fait repreſenter en ſon Conſeil, l'Arreſt rendu en icelui, le 26. Février 1732. & les Lettres Patentes expédiées en conſéquence, le même jour; par leſquelles pour les cauſes y contenuës, Sa Majeſté auroit commis les Sieurs de Miſſy Procureur General du Parlement de Roüen, le Paige Lieutenant Particulier au Bailliage de Roüen, & Cheret Procureur du Roy en la Maîtrise des Eaux & Forêts de Paris; pour procéder à la Réformation des Eaux & Forêts dépendantes de la Maîtrise d'Arques; & le Sieur Gallois Inspecteur des Eaux & Forêts au Département de Roüen, pour Procureur Genéral de ladite Réformation; ensemble les Procès verbaux dressez par lesdits Sieurs Commissaires, les Jugemens par eux rendus, & les Réglemens qu'ils ont faits pour l'aménagement & l'administration des Forêts situées dans l'étenduë de ladite Maîtrise. Et Sa Majesté étant informée des avantages qui résultent des diférentes opérations desdits Sieurs Commissaires, & de la nécessité qu'il y a pour la conservation de ses intérêts, de continuer ladite Réformation pour les autres Maîtrises particuliéres des Eaux & Forêts dudit Département de Roüen; Elle a résolu d'y pourvoir, & de faire connoître sur ce, ses intentions : Oüi le Raport du Sieur Orry, Conseiller d'Etat & ordinaire au Conseil Roïal, Contrôleur Genéral des Finances; LE ROY E'TANT EN SON CONSEIL, a ordonné & ordonne que par les Sieurs de Missy Procureur Genéral du Parlement de Roüen, Savary Grand-Maître des Eaux & Forêts du Département de Roüen, le Paige Lieutenant Particulier au Bailliage de Roüen, & Cheret Procureur du Roy en la Maîtrise des Eaux & Forêts de Paris, que Sa Majesté a commis & commet à cet éfet, il sera procédé à l'Instruction & au Jugement des abus, délits, usurpations & malversations commis, soit par les Oficiers, Gardes, Ajudicataires, Riverains ou autres, dans les Forêts de Sa Majesté, dépendantes des Maîtrises de Roüen & de Caudebec, circonstances & dépendances, & au Réglement des Coupes & aménagement desdits Bois & Forêts, ainsi qu'il sera jugé à propos par lesdits Sieurs Commissaires. Ordonne Sa Majesté qu'à la poursuite & diligence du Sieur Gallois Inspecteur des Eaux & Forêts au Département de Roüen, qu'elle a commis pour faire les fonctions de son Procureur Genéral de ladite Réformation, les Usagers & les Propriétaires des Maisons & Héritages enclavez dans lesdits Bois & Forêts, seront tenus de representer, si besoin est, pardevant lesdits Sieurs Commissaires, les Titres & Actes en vertu desquels ils possédent lesdits Usages, Maisons & Héritages, pour en être par eux dressé Procès verbal, ensemble des délits, dégradations, malversations, usurpations & entreprises, qui se trouveront y avoir été commis, pour être le tout jugé définitivement & en dernier ressort, par lesdits Sieurs Commissaires, tant en matiere civile, ce qu'ils pouront faire au nombre de trois seulement, qu'en matiere criminelle, en apellant avec eux le nombre de Graduez requis par l'Ordonnance : Leur permet Sa Majesté, en cas de maladie, absence ou autre empêchement légitime, de commettre l'un d'entr'eux, ou de subdéléguer telle personne qu'ils voudront choisir, pour faire l'instruction, & assister aux Jugemens des Afaires dont il s'agit ; & au Sieur Procureur Genéral, de substituer, pour faire en son absence, telles Requisitions & Procédures qui seront trouvées nécessaires : Et pour l'éfet de la presente Réformation, Sa Majesté atribuë ausdits Sieurs Commissaires, tout pouvoir, Jurisdiction & connoissance, & icelle interdit à toutes ses Cours & autres Juges ; & ce qui sera jugé par lesdits Sieurs Commissaires, sera exécuté, nonobstant opositions, récusations, Prises à parties, Clameur de Haro, Chartre Normande, ou autres empêchemens quelconques, pour lesquels ne sera diféré ; dont si aucuns interviennent, Sa Majesté s'en est réservé & à son Conseil, la connoissance, & icelle interdit à ses autres Cours & Juges : Permet en outre Sa Majesté, ausdits Sieurs Commissaires, de nommer pour Gréfier de la presente Commission, telle personne qu'ils jugeront à propos : Et pour l'exécution du present Arrest, toutes Lettres nécessaires seront expédiées. FAIT au Conseil d'Etat du Roy, Sa Majesté y étant, tenu à Versailles le dix-septiéme jour de Mai mil sept cens trente-cinq. Signé, CHAUVELIN.

# LETTRES PATENTES

## sur l'Arrest du Conseil ci-dessus,

*QUI ordonne la Réformation generale des Maîtrises de Roüen & Caudebec, & des Bois & Forêts en dépendans.*

Du 17. Mai 1735.

LOUIS par la grace de Dieu Roy de France & de Navarre : A nos amez & feaux Conseillers les Gens tenans nôtre Cour de Parlement de Roüen, SALUT. Aïant par Arrest de nôtre Conseil & Lettres Patentes, du 26. Février 1732. nommé des Commissaires pour procéder à la Réformation des Eaux & Forêts de la Maîtrise d'Arques ; Nous avons reconnu par les Jugemens par eux rendus, & les Réglemens qu'ils ont faits ; qu'il étoit avantageux à nos intérêts, & pour le bien du Public, de continuer ladite Réformation pour les autres Maîtrises des Eaux & Forêts du Département de Roüen ; ce que Nous aurions ordonné pour les Maîtrises de Roüen & de Caudebec, par Arrest cejourd'hui rendu en nôtre Conseil ; & que pour son exécution, toutes Lettres nécessaires seroient expédiées. A CES CAUSES, de l'avis de nôtre Conseil, qui a vû l'Arrest cejourd'hui rendu en nôtredit Conseil, Nous y étant, ci-ataché sous le Contrescel de nôtre Chancellerie ; Nous avons, conformément à icelui, ordonné, & par ces Presentes signées de nôtre main, ordonnons que par les Sieurs de Missy, Procureur Genéral de nôtre Parlement de Roüen ; Savary, Grand-Maître des Eaux & Forêts du Département de Roüen ; le Paige, Lieutenant Particulier au Bailliage de Roüen ; & Cheret nôtre Procureur en la Maîtrise particuliere des Eaux & Forêts de Paris, que Nous avons commis & commettons à cet éfet ; il sera procédé à l'Instruction & au Jugement des abus, délits, usurpations & malversations commis, soit par les Oficiers, Gardes, Ajudicataires, Riverains ou autres, dans nos Forêts dépendantes des Maîtrises de Roüen & de Caudebec, circonstances & dépendances, & au Réglement des Coupes & Aménagemens desdits Bois & Forêts, ainsi qu'il sera jugé à propos par lesdits Sieurs Commissaires. Ordonnons qu'à la poursuite & diligence du Sieur Gallois, Inspecteur des Eaux & Forêts au Département de Roüen, que Nous avons commis & commettons, pour faire les fonctions de nôtre Procureur Genéral de ladite Réformation, les Usagers & les Propriétaires des Maisons & Héritages enclavez dans lesdits Bois & Forêts, seront tenus de representer, si besoin est, pardevant lesdits Sieurs Commissaires, les Titres & Actes, en vertu desquels ils possédent lesdits Usages, Maisons & Héritages, pour en être par eux dressé Procès verbal ; ensemble des délits, dégradations, malversations, usurpations & entreprises, qui se trouveront y avoir été commis, pour être le tout jugé définitivement & en dernier ressort, par lesdits Sieurs Commissaires, tant en matiere civile (ce qu'ils pouront faire au nombre de trois seulement) qu'en matiere criminelle, en apellant avec eux le nombre de Graduez requis par l'Ordonnance : Leur permettons, en cas de maladie, absence ou autre empêchement légitime, de commettre l'un d'entr'eux, ou de subdéléguer telle personne qu'ils voudront choisir, pour faire l'Instruction & assister aux Jugemens des Afaires dont il s'agit ; & au Sieur Procureur Genéral de substituer, pour faire en son absence, telles Requisitions & Procédures qui seront trouvées nécessaires. Et pour l'éfet de la presente Réformation, Nous avons atribué & atribuons ausdits Sieurs Commissaires, tout pouvoir, jurisdiction & connoissance, & icelle interdisons à toutes nos Cours & autres Juges. Ordonnons que ce qui sera jugé par lesdits Sieurs Commissaires, sera exécuté, nonobstant opositions, récusations, Prises à parties, Clameur de Haro, Chartre Normande, ou autres empêchemens quelconques, pour lesquels ne sera diféré; dont si aucuns interviennent, Nous nous en réservons & à nôtre Conseil, la connoissance, & icelle interdisons à nos autres Cours & Juges. Permettons en outre ausdits Sieurs Commissaires, de nommer pour Gréfier de la presente Commission, telle personne qu'ils jugeront à propos. SI VOUS MANDONS que ces Presentes vous aïez à faire lire, registrer, & le contenu en icelles exécuter, cessant & faisant cesser tous troubles & empêchemens quelconques; CAR tel est nôtre plaisir. DONNE' à Versailles, le dix-septiéme jour de Mai, l'an de grace mil sept cens trente-cinq; & de nôtre Régne le vingtiéme. Signé, LOUIS: Et plus bas, Par le Roy, CHAUVELIN. Et scellées du grand Sceau de cire jaune.

## *EXTRAIT DES REGISTRES de la Cour de Parlement de Roüen.*

Du 27. Juin 1735.

VEU par la Cour, toutes les Chambres assemblées, les Lettres Patentes de Sa Majesté, données à Versailles le 17. Mai dernier, sur l'Arrest du Conseil du même jour, ataché sous le Contrescel d'icelles; Qui ordonnent la Réformation des Forêts des Maîtrises de Roüen & de Caudebec, circonstances & dépendances, par les Commissaires y dénommez, &c. Conclusions du Procureur Genéral du

Roy, & oüi le Raport du Sieur Conseiller-Commissaire : Tout considéré ;

LA COUR, toutes les Chambres assemblées, a ordonné & ordonne que lesdites Lettres Patentes sur ledit Arrest du Conseil, seront registrées ès Registres de la Cour, pour être exécutées selon leur forme & teneur ; & que les Vidimus d'icelles seront envoïez aux Siéges des Maîtrises de Roüen & de Caudebec, pour y être pareillement enregistrez, lûs, publiez, & exécutez, à la diligence des Substituts du Procureur Général du Roy, qui seront tenus de certifier la Cour dans le mois, des diligences qu'ils auront pour ce faites. *Et ensuite* lesdites Lettres Patentes sur Arrest ont été lûës, publiées & enregistrées, la grande Audience de ladite Cour séante, en conformité de l'Arrest d'icelle, donné au dernier jour. A Roüen en Parlement, le vingt-septiéme jour de Juin mil sept cens trente-cinq.

Signé, AUZANET.

*CEjourd'hui vingt-uniéme jour de Juillet mil sept cens trente-cinq, Messieurs les Commissaires de la Réformation des Eaux & Forêts du Département de Roüen, assemblez à Roüen, sur les cinq heures d'après-midi, en l'Hôtel de Monsieur le Paige, un des Commissaires generaux de ladite Réformation ; les presentes Lettres Patentes de Sa Majesté ont été lûës, & registrées sur le Registre de ladite Réformation, pour être exécutées selon leur forme & teneur, suivant l'Arrest desdits Sieurs Commissaires de ce jour, ce requerant Monsieur Gallois Ecuïer, Seigneur du Bourbaudoüin, Conseiller du Roy, Inspecteur General des Eaux & Forêts, Procureur General de ladite Réformation, par Nous Ecuïer, Conseiller-Secretaire du Roy & du Parlement de Roüen, Gréfier de ladite Réformation, nommé par Messieurs les Commissaires.*

Signé, COUSIN DE VINVAL, *avec paraphe.*

LES *Arrest du Conseil & Lettres Patentes, du* 17. *Mai* 1735. *ci-dessus, ont été lûs, publiez & registrez en la Maîtrise de Roüen, le* 22. *Juillet* 1735. *& en celle de Caudebec, le premier Aoust suivant, pour être exécutez selon leur forme & teneur, Messieurs les Commissaires tenans l'Audience aux Sieges, & en presence des Oficiers desdites Maîtrises; & ce requerant le Procureur Genéral de la Réformation.*

Signé, COUSIN DE VINVAL.

RE'FORMA-

# RÉFORMATION GENERALE *de la Maîtriſe* DES EAUX ET FORESTS DE CAUDEBEC, Département de Roüen.

## *EXTRAIT DU REGISTRE PLUMITIF*

*de la Réformation Generale de la Maîtriſe des Eaux & Forêts de* Caudebec, *Département de Roüen; contenant les Jugemens de tous les Riverains des Forêts & Bois Taillis apartenans à Sa Majeſté, dans l'étenduë de ladite Maîtriſe; enſemble les Réglemens generaux & particuliers, faits par Meſſieurs* PIERRE-AUGUSTIN DURAND *Chevalier, Seigneur* DE MISSY, *Conſeiller du Roy en ſes Conſeils, & ſon Procureur General au Parlement de Normandie;* LOUIS-ALEXANDRE DE SAVARY *Chevalier, Conſeiller du Roy en ſes Conſeils, Grand-Maître-Enquêteur & General Réformateur des Eaux & Forêts de France, au Département de Roüen;* PIERRE-ALEXANDRE LE PAIGE *Chevalier, Seigneur* DU PORTPINCHE', *Lieutenant Particulier au Bailliage & Siege Préſidial de Roüen; Et* CHARLES-ANTOINE CHERET, *Conſeiller du Roy & ſon Procureur en la Maîtriſe des Eaux & Forêts de Paris, Commiſſaires Généraux de ladite Réformation, deputez à cet éfet par Arreſt du Conſeil & Lettres Patentes, du 17. Mai 1735.*

VEU par Nous Commiſſaires Genéraux, nôtre Procès verbal de Viſite des Forêts & Bois Taillis apartenans à Sa Majeſté, & ſituez dans l'étenduë de la Maîtriſe de Caudebec, commencé le 9. Mai 1737. clos & fini le 6. Juin 1739. Les Aſſignations commiſes en conſéquence, à la requête du Sieur

JEAN-LOUIS-GASPARD GALLOIS DE MAQUERVILLE Ecuïer, Conseiller-Avocat du Roy aux Requêtes, Substitut au Parlement de Normandie, Inspecteur Genéral des Bois de la Ville & Genéralité de Roüen, & Procureur Genéral de ladite Réformation ; aux Riverains ci-après nommez, pour representer les Titres de proprieté des Héritages par eux possedez aux rives desdites Forêts : Les Pieces par eux produites ; Ensemble ce qui résulte de nôtredit Procès verbal de Visite, à l'égard de ceux qui n'ont point produit, ainsi qu'il ensuit.

# FOREST DU TRAIT.

## *GARDE DE LA HAYE D'YAINVILLE,*

### *Triage de l'Ecachon & Belle-Côte.*

UNE Requête, ensemble un Imprimé du Jugement de la Réformation, du 18. Mars 1668. produits par le sieur Berruyer du Vauroüy.

Ce qui résulte de nôtredit Procès verbal de Visite, concernant le sieur Davoust & le sieur Fautrel, chacun pour leurs heritages en particulier.

### *Triage du Val-Retour.*

UN Aveu du 10. Juillet 1634. produit par Laurent Bachelet.

Une Requête, ensemble une Déclaration au Terrier de Sa Majesté, du 14. Juin 1675. & Copie collationnée d'un Acte de Lots de partages, du 23. Juillet 1602. produits par Jean Dubreüil, tant pour lui que pour Pierre Boulen, Nicolas Lecordier, Etienne Dubreüil, le sieur de Neufville, la veuve Boulen, la veuve Corvé, ladite veuve Boulen & ledit Jean Dubreüil, tous cohéritiers de défunt Pierre Dubreüil.

Une Requête,enſemble Copie collationnée d'un Contrat de vente, du 15. Décembre 1734. produites par Nicolas Duboſc.

Les Titres & Piéces ci-devant produits par ledit Jean Dubreüil, tant pour lui que pour leſdits veuves Boulen & Corvé, ladite veuve Boulen & ledit Jean Dubreüil coheritiers de Pierre Dubreüil.

Copie collationnée d'une Déclaration au Terrier de Sa Majeſté, du 9. Décembre 1679. produite par le ſieur de Gerville.

Ce qui réſulte de nôtredit Procès verbal de Viſite, concernant le ſieur Carrier.

Un Aveu du 15. Février 1700. produit par les heritiers de Nicolas Pecot.

Ce qui réſulte de nôtredit Procès verbal de Viſite, & les Titres & Pieces ci-devant produits par ledit ſieur Carrier, leſdits heritiers Nicolas Pecot, le nommé Ponty, Charles Gentais & leſdits heritiers Pecot, pour leurs Héritages ſéparément.

Une Requête, enſemble Copies collationnées d'un Acte de Lots & partages, du 6. Décembre 1643. d'un Aveu du 7. Février 1654. d'un Extrait de Mariage, du premier Décembre 1691. & d'un Contrat de vente, du 26. Février 1733. produites par Robert Gueudry.

Copie collationnée d'un Contrat de Fiéfe, du 17. Avril 1668. produite par Guillaume Cornier.

Un Acte de Lots de partages, du 6. Décembre 1643. & un Contrat de Fiéfe, du 24. Juin 1653. produits par Pierre Baſville.

Les Titres & Pieces ci-devant produits par leſdits heritiers Nicolas Pecot.

Ce qui réſulte de nôtredit Procès verbal de Viſite, concernant Pierre Delafoſſe.

Extraits collationnez du Papier Terrier de l'Abaïe de Jumiéges, des années 1664. 1665. 1666. 1667. 1668. 1669. 1670. 1671. 1672. & 1673. & d'un Procès verbal d'Arpentage de l'année 1680. produits par les Religieux de l'Abaïe de Jumiéges.

Une Requête, enſemble Copie collationnée d'un Contrat de vente, du 26. Octobre 1712. Contredits du Procureur Genéral, ſignifiez; Réponſe à iceux : Et par production nouvelle deux Aveux, des 17. Janvier 1601. & 12. Octobre 1610. produits par le ſieur Ponty.

Une Requête & Copie collationnée d'un Contrat de Fiéfe, du 11. Décembre 1728. & d'un Aveu du 2. Juillet 1715. produits par les heritiers Nicolas de Glatigny.

Une Ordonnance du ſieur de Savary Grand-Maître, du 23. Février 1714. & un Contrat de vente, du 14. Mars 1720. produits par la veuve Dumeſnil.

Un Aveu du 6. Octobre 1703. produit par Nicolas Boquet.

Extraits collationnez d'Aveux, des 7. Juillet 1703. 26. Mai 1716. & 27. Mars 1730. & d'un Contrat de vente, du 10. Octobre 1734. produits par le ſieur Jacques-Antoine Deſliez.

Les Titres & Pieces ci-devant produits par Nicolas Duboſc.

Un Contrat de vente, du premier Avril 1632. Deux Aveux du 14. Juin 1659. & un autre Aveu du 5. Juillet 1573. produits avec une Requête par le ſieur Comte du Taillis.

Ce qui réſulte de nôtredit Procès verbal de Viſite, concernant le ſieur Cheron.

## *Triage du Marais-Gagnet.*

LES Titres & Pieces ci-devant produits par ledit ſieur Comte du Taillis, & ledit ſieur Cheron, pour leurs Héritages ſéparément.

Copie collationnée d'un Aveu, du 24. Novembre 1646. & de Contrats de Fiéfe, des 14. Septembre 1712. & 18. Avril 1714. produits par Nicolas Cheron.

Une Requête & Copie collationnée d'un Aveu, du 10. Aouſt 1674. produits par le ſieur Lefévre.

Extraits collationnez d'Aveux, des 12. Novembre 1700. & 4. Juillet 1732. produits par le ſieur Bertin.

Ce qui réſulte de nôtredit Procès verbal de Viſite, concernant Nicolas Barbey, Nicolas Simon, Maurice Tiphagne, Nicolas Hautot, Nicolas Lambert, ledit Maurice Tiphagne, ledit ſieur Bertin, ledit Nicolas Simon & ledit ſieur Bertin, pour leurs Héritages ſéparément.

Un Aveu du 5. Avril 1704. produit par Nicolas Bellet.

Les Titres & Piéces ci-devant produits, & ce qui réſulte de nôtredit Procès verbal de Viſite, concernant ledit ſieur Bertin, Nicolas Mareſcot, & ledit ſieur Comte du Taillis, pour leurs Heritages ſéparément.

Un Aveu du 2. Décembre 1656. produit par Pierre Leveau.

Ce qui réſulte de nôtredit Procès verbal de Viſite, concernant ledit Nicolas Cheron, le ſieur Viel, ledit Cheron & ledit Nicolas Simon, pour leurs Héritages ſéparément.

Copie collationnée d'un Contrat de Fiéfe, du premier Avril 1685. & d'un Contrat de vente, du 6. Janvier 1710. produits par Pierre Brunet.

Ce qui réſulte de nôtredit Procès verbal de Viſite, & des Titres & Pieces ci-devant produits par Loüis Hamin, Pierre Legrin, ledit ſieur Comte du Taillis, ladite Abaïe de Jumiéges & ledit ſieur Bertin, pour leurs Héritages ſéparément.

Copies collationnées de Contrats de vente, des 28. Décembre 1673. & 30. Octobre 1709. & d'un Contrat de Fiéfe, du 27. Septembre 1731. produits par Nicolas Goſſe.

Les Titres & Piéces ci-devant produits par ledit ſieur Bertin

le nommé Gueudry, pour leurs Heritages ſéparément.

Une Requête, enſemble Copie collationnée des Contrats de vente, des 30. Aouſt & 18. Septembre 1623. produits par Adrien Cauvin.

Les Titres & Piéces ci-devant produits par ledit ſieur Lefévre.

Ce qui réſulte de nôtredit Procès verbal de Viſite, concernant Deſir Miroulde.

Un Acte de Lots de partages, du 27. Février 1656. produit par les Heritiers du nommé Accart.

Un Contrat de Fiéfe, du 24. Février 1709. produit par les Heritiers de Charles Thinel.

Un Aveu du 9. Juillet 1656. produit par Charles Cauvin.

Ce qui réſulte de nôtredit Procès verbal de Viſite, concernant la Demoiſelle de Fontenay.

Une Requête & Copie collationnée d'un Aveu, du 9. Juillet 1664. produites par Marin Leveſque.

Copie collationnée d'une Déclaration à la Seigneurie de Sainte-Marguerite, du 5. Septembre 1697. produite par Pierre Hautot.

Les Titres & Pieces ci-devant produits par ledit Marin Leveſque.

## *GARDE DE LA HAIE DES PERQUES.*

### *Triage du Mont-Hideux.*

Copies collationnées d'Ajudications, des 11. & 31. Octobre 1576. de Jugemens des 22. & 23. Juillet 1583. & d'un Contrat de Fiéfe, du 3. Octobre 1583. produites par le ſieur Friardel.

Un Contrat de vente, du 2. Novembre 1665. produit par le nommé Godailler.

Ce qui réſulte de nôtredit Procès verbal de Viſite, concernant Pierre Quiquehan & Pierre Queſnot, pour leurs Héritages ſéparément.

Les Titres & Piéces ci-devant produits par ledit ſieur Berruyer du Vauroüy.

Copie collationnée d'un Contrat de vente, du 2. Mai 1651. produit par la Demoiſelle Levavaſſeur.

Un Extrait de Partages, du 9. Juillet 1670. produit par Robert Leclerc.

Ce qui réſulte de nôtredit Procès verbal de Viſite, concernant Richard Duperron.

Les Titres & Piéces ci-devant produits par ladite Demoiſelle Levavaſſeur & ledit ſieur Berruyer, pour leurs Heritages ſéparément.

Copie collationnée d'une Ajudication, du 2. Octobre 1575. produite par le ſieur de Freville.

Ce qui réſulte de nôtredit Procès verbal de Viſite, concernant Guillaume Papin, Nicolas Bertault, ledit Papin & Loüis Bacheley, pour leurs Héritages ſéparément.

## *Triage du Val-Herbeux & Vallées du Vauroüy.*

Ce qui réſulte de nôtredit Procès verbal de Viſite, concernant Pierre Levillain, Jacques Conihout, le ſieur Creſté & ledit Levillain, pour leurs Héritages ſéparément.

## *Triage du Chêne-au-Clou.*

Deux Aveux du 10. Décembre 1608. & 5. Juillet 1693. & un Extrait collationné d'un Contrat de Fiéfe, du 3. Décembre 1699. produit par Nicolas Lecordier.

Une Copie collationnée d'un Contrat de Fiéfe, du 3.

Avril 1701. produite par Thomas Tuvache.

Les Titres & Pieces ci-devant produits par ledit ſieur Friardel & par Nicolas Lecordier, pour leurs Héritages ſéparément.

Ce qui réſulte de nôtredit Procès verbal de Viſite, concernant Adrien & Robert Corvé.

Une Requête, enſemble Copies collationnées d'une Chartre de Charles VI. du mois de Juin 1381. d'un Jugement du 13. Décembre 1512. de Lettres Patentes du mois de Janvier 1597. d'une Ordonnance du 9. Aouſt 1603. de Lettres Patentes du 13. Décembre 1623. d'un Arreſt du Conſeil, du 15. Septembre 1655. d'une Quitance d'Amortiſſement, du dernier Juillet 1656. d'un Arreſt de Maintenuë, du 5. Septembre 1657. d'un Extrait des Jugemens de la Réformation, du 18. Mars 1667. d'une Ordonnance du ſieur de Maſcranny, du 2. Juin 1671. Extraits d'autre Ordonnance dudit ſieur de Maſcranny, du 8. Novembre 1675. de Lettres Patentes du 1655. de Quitances d'Amortiſſemens des 12. Mai, 12. Juin, premier Octobre & 24. Décembre 1696. & d'une Quitance du Droit de Confirmation, du 6. Septembre 1727. produits par les Habitans du Trait & de Sainte-Marguerite, pour leurs Communes.

Un Aveu du 8. Juillet 1609. produit par le ſieur Montalant.

Une Requête, enſemble Copies collationnées de Contrats de vente, des 18. Mai 1697. & 9. Octobre 1701. produites par Marc Rouget.

Les Titres & Piéces ci-devant produits par ledit ſieur Creſté.

Ce qui réſulte de nôtredit Procès verbal de Viſite, concernant Pierre Renoult.

Les Titres & Piéces ci-devant produits par ledit Marc Rouget.

Un Extrait collationné de Lots de partages, du premier Mars 1644. produit par Nicolas Cauvin.

Ce

Ce qui réſulte de nôtredit Procès verbal de Viſite, concernant la veuve Lemoine.

Extraits collationnez d'un Contrat de Fiéfe, du 30. Mars 1669. d'une Ajudication par decret, du 14. Octobre 1676. & d'un Aveu du 1er Juin 1729. produits par le ſieur Hebert.

Une Requête, enſemble trois Contrats de vente, des 10. Juin 1626. 13. Mai 1660. & 25. Janvier 1729. produits par François Fontaine.

Une Requête, enſemble quatre Aveux, des 2. Juin 1661. 4. Novembre 1679. 30. Juillet 1710. & 8. Avril 1728. produits par le ſieur Lebrument.

Les Titres & Piéces ci-devant produits par le ſieur Hebert, ledit François Fontaine & ledit Pierre Levillain, pour leurs Héritages ſéparément.

## *Triage de la Cavée du Noyer.*

COPIES collationnées de Contrats de vente, des 18. Octobre 1723. & 20. Octobre 1731. produits par Nicolas Mutel.

Ce qui réſulte de nôtredit Procès verbal de Viſite, concernant les Héritiers Romain Poiſſon, Guillaume Poiſſon, ledit Nicolas Mutel, ledit Guillame Poiſſon, Guy Cauvin, & ledit Guillaume Poiſſon, pour leurs Héritages ſéparément.

Copie collationnée d'un Contrat de vente, produite par le ſieur Poulain.

Une Requête, enſemble Copies collationnées de Contrats de ventes, des 22. Juillet 1681. & 28. Janvier 1683. produites par le Sieur Anquetil repreſentant René Cotterel.

Ce qui réſulte de nôtredit Procès verbal de Viſite, concernant ledit Guillaume Poiſſon, leſdits Héritiers Romain Poiſſon, François Conihout, Loüis Conihout, les Héritiers Etienne Conihout, Pierre Boulen, ledit Pierre Levillain, & le ſieur

Moufflard, pour leurs Héritages ſéparément.

Un Acte de Lots de partages, du 11. Décembre 1597. produit par Thomas & Robert Ponty.

Ce qui réſulte de nôtredit Procès verbal de Viſite, concernant Pierre Benetot.

Un Contrat de vente, du 6. Janvier 1694. produit par Romain Ponty.

Une Requête, enſemble Copie collationnée d'un Acte de Lots de partages, du 25. Septembre 1732. produites par Joſeph Dieul.

Ce qui réſulte de nôtredit Procès verbal de Viſite, concernant ledit Pierre Levillain & ledit Nicolas Mutel, Nicolas Conihout, ledit Pierre Levillain, leſdites Communes de Sainte-Marguerite & du Trait, & ledit ſieur Lebrument, pour leurs Héritages ſéparément.

Copies collationnées d'un Contrat de vente, du 30. Juin 1680. & d'un Acte de Lots de partages, du 18. Janvier 1681. produites par la veuve Legrand.

Ce qui réſulte de nôtredit Procès verbal de Viſite, concernant la Dame de Glatigny.

Une Requête, enſemble Copies collationnées de Contrats de ventes, du 6. Février 1659. & 20. Mars 1662. & d'un Contrat de rétroceſſion, du 24. Novembre 1736. produites par Loüis Delaunay.

Ce qui réſulte de nôtredit Procès verbal de Viſite, & des Titres & Pieces ci-devant produits par ladite veuve Legrand, ledit Marc Rouget, la veuve Lecouteulx, ledit Loüis Delaunay, ladite veuve Legrand, Pierre Iſacard, Pierre Renoult & ladite veuve Legrand, pour leurs Héritages ſéparément.

# GARDE DE LA HAYE DE GOSVILLE.

## *Triage du Val-Hagot.*

Ce qui réſulte de nôtredit Procès verbal de Viſite,& des Titres & Piéces ci-devant produits par ladite veuve Legrand, ledit ſieur Lebrument, la Demoiſelle Levillain, Loüis Tubeuf & Jacques Conihout, pour leurs Héritages ſéparément.

Copies collationnées de Contrats de Fiéfes, des 19 Septembre 1643. & 19. Janvier 1732. produites par Jean Eudes.

Ce qui réſulte de nôtredit Procès verbal de Viſite, concernant ledit Jacques Conihout.

Un Aveu du 18. Juin 1718. produit par la veuve Haley.

Ce qui réſulte de nôtredit Procès verbal de Viſite & Titres ci-devant produits, concernans le ſieur Coulon, ledit Jean Eudes, ledit ſieur Lebrument, les Communes des Planitres & les Communes de la Corderie, pour leurs Héritages ſeparément.

## *Triage des Cailletes.*

Un Aveu du 3. Décembre 1722. produit par le ſieur Dubuſc.

Ce qui réſulte de nôtredit Procès verbal de Viſite, concernant ledit Jacques Conihout, ladite veuve Halley, ledit ſieur Coulon, ladite veuve Halley, ledit ſieur Coulon, ladite veuve Legrand, ledit Jean Eudes, ladite veuve Halley, ladite veuve Legrand, les Communes des Caillettes, Nicolas Bertault & ladite veuve Legrand, pour leurs Héritages ſéparément.

## *Triage de Caudebequet.*

Une Requête & Copie collationnée d'un Contrat de vente, du 4. Mars 1707. produite par le ſieur Etienne.

Ce qui réſulte de nôtredit Procès verbal de Viſite, concernant ladite veuve Legrand.

Une Requête, enſemble un Aveu du 21. Juin 1632. Un Contrat de vente, du 27. Septembre 1678. & un Contrat de ceſſion à Clameur, du 24. Octobre 1724. produits par Jerôme Lucas.

Ce qui réſulte de nôtredit Procès verbal de Viſite, concernant René Bapaume, ledit Lucas, ledit Bapaume & la Chapelle Saint Amand, pour leurs Héritages ſéparément.

Une Requête, enſemble un Contrat de Fiéfe, du 17. Octobre 1613. produit par Pierre Delaunay.

Un Contrat de vente, du 17. Décembre 1653. & un Acte de Lots de partages, du 21. Septembre 1644. produits par le ſieur Langlois repreſentant le nommé Binard.

Ce qui réſulte de nôtredit Procès verbal de Viſite, concernant le nommé Dubuſc.

Un Aveu & Déclaration, du 25. Mai 1712. produit par le ſieur Verbois.

Copie collationnée d'un Contrat de ceſſion à Clameur, du 11. Juillet 1700. produit par Claude Vorin.

Ce qui réſulte de nôtredit Procès verbal de Viſite, concernant ledit Loüis Delaunay & ledit Sieur Coulon, pour leurs Héritages ſéparément.

Un Aveu du 2. Décembre 1728. & un Contrat de vente, du 17. Juillet 1735. produit par Jacques Maucretien.

Ce qui réſulte de nôtredit Procès verbal de Viſite, concernant ledit Loüis Tubeuf, le ſieur Lefévre, Jacques Vigor, l'Abaïe de Saint Wandrille, ledit ſieur Lefévre, & ladite Abaïe de Saint Wandrille, pour leurs Heritages ſéparément.

# FOREST DE MAULEVRIER.

## *GARDE DE LA HAYE-DES-PREZ.*

### *Triage de l'Hermitage & penchans de Rançon.*

UNE Requête & Copie collationnée d'un Contrat de vente, du 1er Juillet 1720. produites par le ſieur Jerôme Lucas.

Une Requête, enſemble deux Déclarations au Terrier de Sa Majeſté, des 6. Octobre 1679. & 27. Aouſt 1687. produites par le ſieur Sacquépée.

Une Requête, enſemble Copie collationnée d'un Contrat de vente, du 27. Février 1693. produites par le ſieur Leduc Tuteur de Bernard Lemaignan.

Extrait collationné d'une Ajudication par decret, du 11. Janvier 1618. produit par le ſieur Moriſſet.

Copie collationnée d'un Aveu, du 25. Juin 1652. produite par Catherine Canivet.

Une Requête, enſemble deux Aveux des 11. Juillet 1658. & 12. Juin 1688. produits par François Deſombres.

Copie collationnée d'un Aveu, du 15. Mai 1702. produite par le ſieur Curé de Rançon.

Ce qui réſulte de nôtredit Procès verbal de Viſite, concernant le ſieur Creſté & ledit François Deſombres, pour leurs Héritages ſéparément.

Deux Contrats de Fiéfe, des 14. Juin 1728. & 1er Avril 1729. produits par le nommé Beuriot.

Les Titres & Piéces ci-devant produits par ledit ſieur Creſté & ledit Beuriot, pour leurs Héritages ſéparément.

Une Requête, enſemble Copies collationnées d'un Aveu, du 5. Juin 1619. de deux Déclarations au Terrier de Sa Majeſté, des 15. Janvier 1648. & 22. Juin 1675. d'un Procès verbal d'Arpentage, de l'Ordonnance du ſieur de Maſcranny, du 15. Janvier 1676. d'un Aveu du 1er Décembre 1678. & d'un Contrat de vente, du 26. Aouſt 1728. produites par Gaſpard Deſchamps.

Une Requête, enſemble Copies collationnées d'un Contrat d'échange, du 11. Aouſt 1653. d'une Ordonnance du ſieur de Voiſin Commiſſaire-Réformateur, du 6. Février 1666. d'un Extrait du Jugement de la Réformation de 1667. & un Procès verbal de bornage, du 9. Mai 1685. produits par les Religieux de l'Abaïe de Saint Wandrille.

Une Requête, enſemble une Ordonnance du ſieur de Maſcranny, du dernier Juillet 1677. & un Procès verbal d'Arpentage, du 10. Juillet 1678. produites par le ſieur Maurice Lefévre.

Les Titres & Piéces ci-devant produits par ledit ſieur Comte du Taillis.

Une Requête, enſemble Extraits collationnez d'une Ordonnance du ſieur de Maſcranny, & d'une Sentence d'Ajudication par decret, du 18. Février 1688. produits par le Sieur Lefrançois.

Copies collationnées d'un Acte de Lots de partages, du 23. Février 1673. & d'un Aveu du 19. Avril 1728. produits par Nicolas Maucretien.

Deux Aveux des 18. Décembre 1647. & dernier Juin 1648. produits par le ſieur Folloppe de Retival.

Un Extrait collationné d'Ajudication par decret, du 23. Février 1695. produit par le ſieur Legras.

Les Titres & Pieces ci-devant produits par ledit ſieur Lefrançois.

Une Requête, enſemble une Copie collationnée d'une Ajudication par decret, du 3. Janvier 1691. Une Tranſaction, du 27. Avril 1706. Un Aveu du 12. Juin 1706. & un Exploit de Saiſie, du 15. Mai 1737. produits par le ſieur d'Anglesqueville.

## *Triage de Vignette.*

UN Acte de Lots de partages, du 21. Décembre 1583. un Arpentage du 2. Mai 1631. un Bail du 14. Septembre 1657. & un Extrait de Procès verbal de bornage, du 24. Janvier 1670. produits par le Sieur Vaucquier.

Les Titres & Piéces ci-devant produits par ledit Sieur Follope.

Extrait collationné d'un Decret, du 29. Mai 1675. & d'un Contrat de vente, du 22. Juin 1732. produits par le ſieur Hebran.

Ce qui réſulte de nôtredit Procès verbal de Viſite, concernant le nommé Groſcol.

Copie collationnée d'un Aveu, du 7. Juillet 1617. produit par le ſieur Lucas.

Copie collationnée d'une Ajudication, du 6. Septembre 1577. d'une Quitance du Receveur du Domaine, du 20. Avril 1583. d'un Aveu du 3. Aouſt 1575. & d'un Contrat de vente, du 7. Octobre 1570. produits par Michel Alais.

Une Requête, enſemble une Sentence du 29. Décembre 1602. un Extrait de Procès verbal de bornage, du 11. Décembre 1669. & un Contrat de Fiéfe, du 17. Janvier 1710. produits par Adrian Nez.

Deux Aveux des 10. Juillet 1696. & 29. Novembre 1704. produits par le ſieur de Quenouville.

Ce qui réſulte de nôtredit Procès verbal de Viſite, concernant le ſieur His & le ſieur de Cretot, pour leurs Héritages ſéparément.

Copies collationnées du 28. Septembre 1575. d'un Aveu du 5. Aoust 1605. & d'une Déclaration au Terrier de Sa Majesté, du 12. Février 1695. produites par le Sieur Melicieux.

Ce qui résulte de nôtredit Procès verbal de Visite, concernant le sieur de Courcelle, ledit sieur Lucas, & ledit sieur d'Anglesqueville, pour leurs Héritages séparément.

## GARDE DE MONTMESLIER.

### *Triage de Cauquesôit.*

CE qui résulte de nôtredit Procès verbal de Visite, concernant le sieur de Romey, le sieur d'Alincourt & les Communes de S. Gilles, pour leurs Héritages séparément.

Extrait collationné d'une Ajudication, du 20. Novembre 1656. d'un Contrat de vente, du 17. Mai 1617. produit par la Dame de Biville.

### *Triage des Quatre-Chemins.*

LES Titres & Piéces ci-devant produits par ladite Dame de Biville.

Ce qui résulte de nôtredit Procès verbal de Visite, concernant le sieur de Bourville.

Copies collationnées d'Ajudication, du 26. Aoust 1675. & de Quitances des Receveurs du Domaine, des 4. Octobre 1575. 10. Novembre 1576. & 3. Décembre 1582. de Contrats de vente, des 21. Mars 1601. & 12. Juillet 1707. & d'un Jugement de la Réformation, du 18. Mars 1667. produites par le sieur Ciron.

Ce qui résulte de nôtredit Procès verbal de Visite, concernant le sieur Genevré, & Prudence Levillain, pour leurs Héritages séparément.

Deux

Deux Contrats de vente, des 20. Mai 1609. & 6. Février 1610. & un Etat de Decret, du 6. Avril 1597. produits par le ſieur Lefévre.

Une Requête, enſemble un Aveu du 8. Aouſt 1665. & un Extrait de Procès verbal de bornage, du 28. Janvier 1670. produits par Marin Beaufils.

Ce qui réſulte de nôtredit Procès verbal de Viſite, concernant ladite Levillain & ledit ſieur Lefévre, pour leurs Héritages ſéparément.

Une Déclaration au Terrier de Maulévrier, du 21. Aouſt 1658. & un Aveu du 4. Décembre 1700. produits par le nommé Laiſné.

Ce qui réſulte de nôtredit Procès verbal de Viſite, concernant ladite Levillain & le ſieur de Rames, pour leurs Héritages ſéparément.

Copies collationnées d'une Ajudication, du 10. Novembre 1576. & d'un Arreſt du Conſeil, du 23. Avril 1685. produites par le ſieur de Renneville-Quillebeuf.

Une Requête, enſemble Extraits collationnez d'une Saiſie réelle, du 15. Décembre 1668. d'une Tranſaction du 3. Aouſt 1698. de Contrats de vente, du 8. Septembre 1698. & 16. Mars 1718. produits par le ſieur Dubuſc.

Ce qui réſulte de nôtredit Procès verbal de Viſite, concernant ledit ſieur de Renneville & ledit Sieur de Rames, pour leurs Héritages ſéparément.

Une Ajudication du 7. Novembre 1575. Une Sentence d'Envoi en poſſeſſion, du 8. Décembre 1575. Une autre Ajudication du 20. Octobre 1576. Une Sentence d'Envoi en poſſeſſion, du 18. Décembre 1576. Une Quitance de Suplément de Finance, du 24. Avril 1583. Un Contrat de Fiéfe, du 7. Septembre 1593. Deux Aveux au Roy, des 5. Aouſt 1605. & 4. Décembre 1647. Un Exploit de Saiſie réelle, du 12. Février 1694. & un Etat de Decret, du 15. Avril 1695. produits par le ſieur Lecœur.

Copies collationnées d'Aveux, des 21. Juin 1695. & 13. Janvier 1719. & d'un Contrat de vente, du 16. Mai 1692. produites par les Héritiers Maucour.

Une Requête, enſemble Copies collationnées de Contrats de ceſſion & remiſe de Fiéfe, des 20. Janvier 1713. 27. Septembre 1723. & 14. Novembre 1726. produites par Marguerite Deſmeſſiers.

Ce qui réſulte de nôtredit Procès verbal de Viſite, concernant ledit ſieur de Cretot.

## *Triage des Forts.*

CE qui reſulte de nôtredit Procès verbal de Viſite, concernant ledit ſieur de Rames.

Copies collationnées d'une Ajudication par decret, du 18. Juillet 1672. produites par le ſieur Foloppe Avocat.

Une Requête, enſemble un Contrat de vente, du 2. Aouſt 1709. & un Jugement de la Réformation, du 18. Mars 1667. produits par le ſieur Lemarchand : Contredits du Procureur Général, ſignifiez ; Réponſe à iceux : Et par production nouvelle dudit ſieur Lemarchand, Un Etat de Decret, du dernier Décembre 1632. & un Contrat de vente, du 17. Janvier 1710.

Les Titres & Piéces ci-devant produits par ledit ſieur Lecœur.

## *Triage des Côtes de Saint-Pierre.*

LES Titres & Piéces ci-devant produits par ledit ſieur Lemarchand.

Une Requête, & Copie collationnée d'un Aveu, du 12.

Juillet 1660. produites par Loüis Duval.

Ce qui réſulte de nôtredit Procès verbal de Viſite, concernant le ſieur de la Bruyere, & ledit ſieur Lefévre, pour leurs Héritages ſéparément.

Copie collationnée d'un Contrat de vente, produite par les Repreſentans Goſſelin.

Deux Aveux des 30. Mai 1607. & 19. Juillet 1664. produits par le nommé Queſnel.

Les Titres & Piéces ci-deſſus produits par ledit Marin Beaufils.

Un Acte de Lots de partages, du 15. Aouſt 1602. & un Contrat de vente, du 4. Février 1735. produits par Pierre Lebaillif.

Les Titres & Pieces ci-devant produits par ledit Queſnel.

Copie collationnée d'une Déclaration & Aveu, du 12. Juillet 1675. produite par le ſieur du Courval.

Extrait d'un Aveu & Dénombrement au Roy, en 1524. & un Procès verbal d'Arpentage, du 27. Décembre 1704. produits par le Titulaire de la Chapelle S. Pierre.

Les Titres & Pieces ci-deſſus produits par ledit ſieur du Courval, ledit Queſnel, ledit ſieur de Cretot, ledit ſieur His, ledit ſieur de Quenonville, ledit Gaſpard Deſchamps & leſdits Heritiers Maucour, pour leurs Héritages ſéparément.

Un Contrat de ceſſion, du 7. Janvier 1617. & un Aveu du dernier Décembre 1718. produits par Etienne Navarre.

Un Contrat de Fiéfe, du 3. Juin 1720. produit par Adrien Lebourg.

Les Titres & Piéces ci-devant produits par leſdits Héritiers Maucour, & par ledit ſieur Lecœur, pour leurs Heritages ſéparément.

## *GARDE DE LA POMMERAYE.*

### *Triage de la Côte de la Juſtice.*

Copie collationnée d'un Contrat de vente, du 29. Novembre 1735. produite par Jean Pottier.

Une Requête, enſemble un Aveu du 15. Mai 1628. un Extrait de Procès verbal de bornage, du premier Septembre 1669. & un autre Aveu du 5. Juillet 1683. produits par François Ferey.

Copie collationnée d'un Procès verbal de bornage, du 13. Juin 1679. produite par les PP. Capucins de Caudebec.

Une Requête, enſemble un Contrat de vente, du 14. Avril 1601. Deux Ajudications des 26. Aouſt & 13. Septembre 1575. Des Lettres Patentes du mois de Février 1623. regiſtrées au Parlement de Roüen, le 26. Aouſt 1623. Un Arreſt du Conſeil, du 19. Décembre 1690. Deux Aveux des 13. Mars 1688. & 30. Mars 1720. Deux Contrats de vente, des 25. Juin & 10. Aouſt 1722. & un Arreſt de la Chambre des Comptes de Roüen, du 19. Aouſt 1734. produits par le ſieur Alexandre.

Une Requête, enſemble un Aveu du 20. Juillet 1693. & un Arreſt du Conſeil, du 18. Octobre 1695. produits par Claude Lecerf.

Les Titres & Pieces ci-devant produits par ledit ſieur Lemarchand & ledit ſieur Dubuſc, pour leurs Héritages ſéparément.

Une Requête, enſemble une Tranſaction du 12. Juillet 1616. Un Partage du 2. Septembre 1704. Un Contrat de ceſſion, du 28. Novembre 1707. Un Extrait de Procès verbal de bornage, du premier Septembre 1669. Un Bail du

9. Janvier 1725. Un Procès verbal d'Arpentage, du 20. Décembre 1728. & un Contrat de ceſſion, du 31. Décembre 1728. produits par les Religieuſes de Caudebec.

Les Titres & Pieces ci-devant produits par ledit ſieur Lucas.

## *Triage de la Pommeraye.*

Les Titres & Pieces ci-devant produits par ledit ſieur Lemarchand.

Une Requête, enſemble une Sentence du 6. Octobre 1723. produites par la Dame de Franqueville.

Ce qui réſulte de nôtredit Procès verbal de Viſite, concernant le ſieur d'Arneville.

Les Titres & Pieces ci-devant produits par ledit ſieur Alexandre.

Une Requête, enſemble des Copies collationnées d'un Aveu du premier Février 1605. d'un Extrait de Decret du 15. Décembre 1616. & d'un Contrat de vente, du 3. Janvier 1625. produites par le ſieur de Bailleul.

Les Titres & Pieces ci-devant produits par ledit ſieur de Cretot, ledit ſieur de Quenonville & ledit Gaſpard Deſchamps, pour leurs Héritages ſéparément.

Deux Contrats de vente, des 14. Septembre 1718. & 26. Mars 1726. & deux Aveux des 28. Juillet 1698. & 29. Juillet 1719. produits par Madeleine Beauvais.

Les Titres & Pieces ci-devant produits par ledit ſieur de Quenonville, leſdites Religieuſes de Caudebec, ledit ſieur Dubuſc & ledit ſieur de Bailleul, pour leurs Héritages ſéparément.

## *Triage de la Vallette.*

Les Titres & Pieces ci-devant produits par leſdites Religieuses de Caudebec, & ledit sieur d'Arneville, pour leurs Héritages séparément.

Un Contrat de Fiéfe, du 26. Octobre 1702. produit par Adrïen Janne.

Un Acte de Lots de partages, du 6. Juillet 1669. produit par Pierre Guillebert.

Ce qui résulte de nôtredit Procès verbal de Visite, & les Titres & Pieces ci-devant produits par le sieur d'Houquetot, ledit sieur Guillebert, ledit sieur Lemarchand & le sieur de Bermonville, pour leurs Héritages séparément.

Une Requête, ensemble Copie collationnée d'un Acte de Lots de partages, du 9. Juillet 1663. produits par les nommez Caron.

Deux Aveux des 11. Décembre 1603. & 30. Mai 1682. & un Bail Emphitéotique du 23. Juin 1709. produits par le sieur de Freville Curé de S. Arnoult.

## *Triage du Puits-Bourdon.*

Les Titres & Pieces ci-devant produits par ledit sieur de Bermonville, ledit sieur d'Houquetot, ledit Pierre Lecaron, ledit sieur de Bermonville & ledit Lecaron, pour leurs Héritages séparément.

Un Contrat de vente, du 1er Aoust 1729. produit par Adrien Lebourg.

Un Aveu du 15. Juillet 1683. produit par la veuve Nicolas Dubosc.

Les Titres & Pieces ci-devant produits par ledit Adrien Janne.

Un Contrat de vente, du 11. Juin 1670. produit par Jacques Hermel.

Les Titres & Pieces ci-devant produits par ledit Janne, &

ladite veuve Duboſc, pour leurs Héritages ſéparément.

Une Requête, enſemble Copie collationnée d'une Ajudication, du 6. Octobre 1575. produites par le ſieur Varengues.

Ce qui réſulte de nôtredit Procès verbal de Viſite, concernant ledit ſieur de Romey.

## BOIS TAILLIS DE GRAVENÇON.

### *Triage du Platon & de la Vallette.*

Ce qui réſulte de nôtredit Procès verbal de Viſite, concernant les Communes de la Freſnaye, la Dame Maréchalle d'Harcourt, les Communes du Platon, ladite Dame d'Harcourt, la Demoiſelle Herault, ladite Dame d'Harcourt, la Chapelle du Lugan, la Dame de Mirville, le ſieur du Catillon & ladite Dame d'Harcourt, pour leurs Héritages ſéparément.

### *Triage de la Houſſaye.*

Ce qui réſulte de nôtredit Procès verbal de Viſite, concernant leſdites Communes de la Freſnaye, le ſieur d'Aliquerville, ladite Dame Maréchalle d'Harcourt, le ſieur de Bellegarde, la Demoiſelle le Pelley, les Héritiers Lavergne, la Demoiſelle le Pelley & les Héritiers Dorey, pour leurs Héritages ſéparément.

# FOREST DE BROTONNE.

## *GARDE DU VUY.*

### *Triage des Champs de Derriere.*

Un Contrat de Fiéfe, du 7. Juin 1704. produit par les Héritiers du ſieur de la Boiſſiere.

Ce qui réſulte de nôtredit Procès verbal de Viſite, concernant le ſieur de Genevray.

*Triage de Marre-des-Meſliers.*

CE qui réſulte de nôtredit Procès verbal de Viſite, concernant Nicolas Bourdon.

Un Aveu du 2. Juillet 1687. produit par Jacques Eſmot.

Ce qui réſulte de nôtredit Procès verbal de Viſite, concernant ledit Nicolas Bourdon, Loüis Herpin, les Héritiers Jean Lefrançois, ledit Nicolas Bourdon, & leſdits Héritiers Jean Lefrançois, pour leurs Héritages ſéparément.

Copie collationnée d'un Contrat de vente, du 25. Février 1734. produite par Noël Gueroult.

Une Signification du 26. Septembre 1677. d'une Ordonnance du ſieur de Maſcranny, du 20. Aouſt 1677. produite par Pierre Herpin.

Un Aveu du 11. Octobre 1673. produit par Jacques Herpin.

Une Copie collationnée d'Acte de Lots de partages, du dernier Décembre 1679. produite par Loüis Hamel.

Ce qui réſulte de nôtredit Procès verbal de Viſite, concernant les Repreſentans Hamel, Loüis Herpin, Pierre Herpin, le ſieur Baſpré & les Religieux de l'Abaïe de Jumiéges, pour leurs Héritages ſéparément.

## GARDE DE LA GRANDE *Houſſaye.*

*Triage du Gros-Houx.*

CE qui réſulte de nôtredit Procès verbal de Viſite, concernant leſdits Religieux de l'Abaïe de Jumieges.

Triage

## *Triage des Côtes d'Hauville.*

UNE Copie collationnée d'une Ajudication faite par les ſieurs Commiſſaires de Sa Majeſté, du 7. Septembre 1594. & d'un Arreſt du Conſeil, du 27. Janvier 1693. produite par le ſieur de la Vaupaliere.

Une Copie collationnée d'un Contrat de Fiéfe, du 4. Mars 1613. produite par Thomas Ferrand.

Ce qui réſulte de nôtredit Procès verbal de Viſite, concernant les Héritiers Denis Saval, Etienne Accard & Robert Boſquet, pour leurs Héritages ſéparément.

Un Contrat de vente, du 29. Janvier 1595. Un Cahier de Lots de partages, du 25. Janvier 1658. Un autre Partage, du 17. Aouſt 1674. & un Contrat de vente, du 28. Février 1699. produits par le ſieur de la Grande-Houſſaye.

Ce qui réſulte de nôtredit Procès verbal de Viſite, concernant Laurent Lecocq, les Héritiers du ſieur de Lacauchure & George Queſnay, pour leurs Héritages ſéparément.

Un Contrat de Mariage, du 20. Juin 1676. produit par Pierre Mareſcot.

Une Copie collationnée d'un Contrat de Fiéfe, du 24. Juin 1728. produite par Loüis Larcier.

Ce qui réſulte de nôtredit Procès verbal de Viſite, concernant Gabriel Gueroult & Charles Boſquier, pour leurs Héritages ſéparément.

Un Acte de Lots de partages, du 5. Juin 1674. produit par François Boſquier.

Ce qui réſulte de nôtredit Procès verbal de Viſite, concernant les Héritiers de Nicolas Lejemble.

### *Triage de Marre de la Houſſaye.*

POINT de Riverains.

### *Triage du Beau-Carrefour.*

POINT de Riverains.

## GARDE DE CAVEAUMONT.

### *Triage du Val du Sou & Côtes de la Harelle.*

Ce qui réſulte de nôtredit Procès verbal de Viſite, concernant leſdits Religieux de l'Abaïe de Jumieges, ledit ſieur Baſpré, la Dame Boſquier & le ſieur Duc d'Harcourt, pour leurs Héritages ſéparément.

Une Copie collationnée d'un Contrat de vente, du 29. Avril 1718. produite par Jacques Bignon.

Un Aveu du premier Juillet 1699. produit par Loüis Lefort.

Ce qui réſulte de nôtredit Procès verbal de Viſite, concernant Marin Coudret.

Un Aveu du 23. Septembre 1642. produit par Simon Duparc repreſentant Jean Mongreard.

Ce qui réſulte de nôtredit Procès verbal de Viſite, concernant Michel Durand, Jean Huet, ledit Jean Mongreard & ledit Michel Durand, pour leurs Héritages ſéparément.

Un Contrat de vente, du 12. Novembre 1721. produit par Pierre Durand.

Ce qui réſulte de nôtredit Procès verbal de Viſite, concernant ledit Michel Durand & Jean Lecomte, pour leurs Héritages ſéparément.

Une Copie collationnée d'un Contrat de vente, du 26.

Mars 1721. produite par Denis Bouvier.

Copies collationnées de Contrats de vente, des 7. Aouſt 1712. & premier Juillet 1714. produites par Vincent Turgard.

Ce qui réſulte de nôtredit Procès verbal de Viſite, concernant le ſieur Duc d'Harcourt.

Un Jugement du ſieur de Thou Commiſſaire de Sa Majeſté, du 28. Septembre 1576. produit par les Communes de Jumieges.

Un Acte de Lots de partages, du 18. Octobre 1640. & un Contrat de vente, du 6. Février 1694. produits par le ſieur Mareſcot.

Un Bail judiciaire du 24. Septembre 1677. produit par la veuve Laiſné.

Copie collationnée d'un Contrat de vente, du 10. Aouſt 1693. produite par la veuve Nicolas Mutel.

Ce qui réſulte de nôtredit Procès verbal de Viſite, concernant Pierre Tuvache.

Un Contrat de Fiéfe, du 23. Novembre 1611. produit par Philippe Fauvel.

Ce qui réſulte de nôtredit Procès verbal de Viſite, concernant André Tuvache.

## *Triage du Planitre-aux-Orties.*

Ce qui réſulte de nôtredit Procès verbal de Viſite, concernant leſdits Religieux de Jumiéges & leſdites Communes de Jumiéges.

## *Triage du Val du Suret.*

Ce qui réſulte de nôtredit Procès verbal de Viſite, concernant ledit ſieur de la Vaupaliere.

# *GARDE DU LANDIN,*

## *Triage du Val-Ragot.*

CE qui réſulte de nôtredit Procès verbal de Viſite, concernant Jean Huë, leſdits Religieux de Jumieges & Jean Denis, pour leurs Héritages ſéparément.

Un Contrat de vente, du 26. Juillet 1680. produit par Jacques Lefévre.

Ce qui réſulte de nôtredit Procès verbal de Viſite, concernant Pierre Tuvache, Pierre Mareſcot, Laurent Levillain & leſdits Religieux de Jumieges, pour leurs Héritages ſéparément.

Un Contrat de Fiéfe, du 5. Juillet 1714. produit par François Varin.

Ce qui réſulte de nôtredit Procès verbal de Viſite, concernant le nommé Loüye.

Copie collationnée d'un Contrat de vente, du 10. Octobre 1614. produit par Pierre Haubert.

Ce qui réſulte de nôtredit Procès verbal de Viſite, concernant leſdits Religieux de Jumieges & les Communes du Landin, pour leurs Héritages ſéparément.

Un Contrat de vente, du 18. Janvier 1725. produit par le ſieur Delapie.

Ce qui réſulte de nôtredit Procès verbal de Viſite, concernant leſdits Religieux de Jumieges, ledit ſieur de la Grande-Houſſaye, & le ſieur Tuvache, pour leurs Héritages ſéparément.

## *Triage de Marre-Rotoir.*

POINT de Riverains.

### *Triage du Val-Gueroult.*

CE qui réſulte de nôtredit Procès verbal de Viſite, concernant le ſieur Leferon.

Une Sentence du 13. Avril 1680. & un Aveu du premier Décembre 1688. produits par Denis Matard l'aîné.

Ce qui réſulte de nôtredit Procès verbal de Viſite, concernant Marin Boſquier, Denis Matard le jeune, & ledit ſieur Leferon, pour leurs Héritages ſéparément.

Copie collationnée d'un Aveu, du 8. Juillet 1692. produit par le ſieur de la Ferganterie.

Copie collationnée d'un Aveu, du 11. Avril 1722. & d'un Contrat de Fiéfe, du 29. Juillet 1726. produit par Loüis Duvracq.

Ce qui réſulte de nôtredit Procès verbal de Viſite, concernant le ſieur Lemarié, Jean Mutel, Michel Bouvier, & Jean Deſprez, pour leurs Héritages ſéparément.

Extrait collationné d'un Contrat de vente, du 22. Avril 1693. produit par Loüis Fauvel.

Ce qui réſulte de nôtredit Procès verbal de Viſite, concernant les Héritiers de Lacauchure.

Un Contrat de Fiéfe, du 14. Juillet 1669. produit par Pierre Condor.

Ce qui réſulte de nôtredit Procès verbal de Viſite, concernant ledit ſieur de la Vaupaliere.

## *GARDE DE LA PETITE HOUSSAYE.*

### *Triage de Marre-Boutieu.*

POINT de Riverains.

## *Triage de Marre-Moteuſe.*

POINT de Riverains.

## *Triage de Marre-Livet.*

CE qui réſulte de nôtredit Procès verbal de Viſite, concernant Nicolas Lejemble, François Boſquier, le Treſor d'Hauville, leſdits Héritiers de Lacauchure, George Queſnay, Michel Boſquier, les Héritiers Etienne Cavelier, Claude Beſnard, la Demoiſelle du Bourdonné, Charles Gueroult & Marin Boſquier, pour leurs Héritages ſéparément.

Extraits collationnez de Contrats de Fiéfe, des 8. Avril & 10. Mai 1726. produits par Blaiſe Raffaux.

Copie collationnée d'un Contrat de Fiéfe, du 27. Décembre 1725. produit par Robert Feſne.

Copie collationnée d'un Contrat de vente, du 16. Février 1672. produit par le ſieur Hebert.

Ce qui réſulte de nôtredit Procès verbal de Viſite, concernant Charles Fieux.

Deux Contrats de vente, des 27. Mars & 15. Juin 1710. produits par Pierre Saval.

Ce qui réſulte de nôtredit Procès verbal de Viſite, concernant Nicolas Lallier, le ſieur du Bourdonné & ledit Pierre Saval, pour leurs Héritages ſéparément.

Copie collationnée d'un Contrat de vente, du 23. Novembre 1658. produite par les ſieurs Romain Avocat & Procureur.

Ce qui réſulte de nôtredit Procès verbal de Viſite, concernant ledit ſieur du Bourdonné.

Les Titres & Piéces ci-devant produits pour ledit ſieur Romain Avocat.

Un Contrat de ceſſion à Clameur lignagere, du 22. Juin 1706. produit par Jean Gueroult.

Ce qui réſulte de nôtredit Procès verbal de Viſite, concernant Pierre Lallier & le ſieur Delahaye, pour leurs Héritages ſéparément.

### *Triage de Marre du Pommeray.*

Ce qui réſulte de nôtredit Procès verbal de Viſite, concernant ledit ſieur Delahaye.

Copie collationnée d'un Contrat de vente, du 2. Octobre 1731. produite par le ſieur de Bonneval.

## *GARDE DU PARQUET,*

### *Triage de la Marette.*

Un Contrat de Fiéfe, du 24. Novembre 1630. produit par les Héritiers de Richard Foutrel.

Ce qui réſulte de nôtredit Procès verbal de Viſite, concernant Touſſaint Beſnard.

Copie collationnée d'un Contrat de vente, du 7. Septembre 1623. produite par Antoine Rouſſel.

Ce qui réſulte de nôtredit Procès verbal de Viſite, concernant Nicolas Delamare.

Copie collationnée d'un Contrat de Fiéfe, du 14. Mai 1704. produit par Pierre Delamare.

Ce qui réſulte de nôtredit Procès verbal de Viſite, concernant ledit ſieur de Bonneval, Jean Hebert, Charles Couture, Loüis Hebert, la veuve Pierre Hebert, Abraham Baudoüin, leſdits Héritiers Richard Foutrel, la Dame Harden, & la veuve Charles Harel, pour leurs Héritages ſéparément.

Copie collationnée d'un Contrat d'échange, du 18. Mars 1653. produite par les Héritiers Laumonier.

Une Requête, ensemble une Ajudication faite par les sieurs Commissaires de Sa Majesté, du 14. Novembre 1576. & une Sentence du 17. Avril 1663. produites par le sieur Lengeigneur.

Ce qui résulte de nôtredit Procès verbal de Visite, concernant les Héritiers Jacques Petit.

Un Contrat d'échange du 22. Avril 1716. produit par Nicolas Cauchis.

Ce qui résulte de nôtredit Procès verbal de Visite, concernant François & Antoine Delaruë.

## *Triage de Marre-aux-Asnes.*

Copie collationnée d'un Contrat de Fiéfe, du 29. Avril 1691. produit par Jacques Lescuyer.

Ce qui résulte de nôtredit Procès verbal de Visite, concernant les Héritiers de Jacques Quesnay, Nicolas Lebarbier, Artus Mutel & ledit Antoine Delaruë, pour leurs Héritages séparément.

Une Copie collationnée d'un Contrat de vente, du 2. Octobre 1720. produite par Jacques Delonguemare.

Extrait collationné d'un Contrat de Fiéfe, produit par Alexandre Debourges.

Ce qui résulte de nôtredit Procès verbal de Visite, concernant les Héritiers de Jacques Delaruë.

Copie collationnée d'un Contrat de vente, du 12. Février 1659. produite par Nicolas Reault.

Ce qui résulte de nôtredit Procès verbal de Visite, concernant Robert Delaruë

Copie collationnée d'un Contrat de cession à Clameur lignagere, du 16. Avril 1675. produite par Antoine Delonguemare.

Ce

Ce qui réſulte de nôtredit Procès verbal de Viſite, concernant François Delaruë, Jean-Baptiſte Baudoüin, Jean Anquetil, Marguerite Baudoüin, Charles Cauchis, Jacques Delaruë, ledit Antoine Baudoüin, Charles Baudoüin, Jean Falaiſe, ledit Jean Anquetil & ledit François Delaruë, pour leurs Héritages ſéparément.

### *Triage de Marre-Bu.*

Ce qui réſulte de nôtredit Procès verbal de Viſite, concernant ledit Roger Anquetil & Charles Coquin, pour leurs Héritages ſéparément.

Copie collationnée d'une Ajudication faite par les Commiſſaires de Sa Majeſté, le 3. Octobre 1502. produite par les Héritiers du ſieur de Chopillard.

Ce qui réſulte de nôtredit Procès verbal de Viſite, concernant ladite Marguerite Baudoüin.

Une Ajudication faite par les Sieurs Commiſſaires de Sa Majeſté, le 19. Février 1577. produite par le ſieur Delamare-Mauduit.

Extrait collationné d'un Jugement de la Réformation de 1667. produit par le ſieur de la Cour de Bourneville.

## *GARDE DE LA LONDE,*

### *Triage de Romilly.*

Ce qui réſulte de nôtredit Procès verbal de Viſite, concernant le ſieur de Monthulé.

Copies collationnées d'un Aveu, du 12. Mars 1666. d'un Jugement de la Réformation, du 18. Mars 1667. & d'un Jugement de main-levée, du 12. Mars 1680. produites par le ſieur de la Bouque.

## *Triage de Monthulé.*

POINT de Riverains.

## *Triage de la Grande-Souche.*

LES Titres & Pieces ci-devant produits par ledit ſieur de la Bouque.

Extrait collationné d'un Contrat de vente, du 12. Janvier 1729. produit par le ſieur Lemaître.

## *Triage du Chêne-Cendreux.*

LES Titres & Pieces ci-devant produits par ledit ſieur Lemaître.

Ce qui réſulte de nôtredit Procès verbal de Viſite, concernant Nicolas Harel, les Héritiers Romain Laboiſſiere, le ſieur Dulonbrun, Jean Vitrel & leſdits Héritiers Romain Laboiſſiere, pour leurs Héritages ſéparément.

Copies collationnées d'un Contrat de vente, du 8. Décembre 1634. & d'une Quitance du Droit de Tiers & Danger, du 30. Avril 1677. produites par le ſieur Curé d'Aiſier.

Un Contrat de vente, du 3. Janvier 1697. produit par le ſieur de la Londe : Procès verbaux & Informations, des 7. Mai, 16. & 17. Juin 1722. Autres Pieces & Procédures exercées au Siége de la Maîtriſe de Caudebec, entre le Procureur du Roy & ledit ſieur de la Londe : Défenſes & Ecritures au ſujet d'une prétenduë entrepriſe d'un petit Terrain vague, & de déplacement de deux bornes, joignant la Foreſt.

Copie collationnée d'un Contrat de vente, du 26. Avril 1728. produite par Loüis Puval.

Ce qui réſulte de nôtredit Procès verbal de Viſite, concernant la veuve Calais, les Héritiers Goharel & André Aubert, pour leurs Heritages ſéparément.

Copie collationnée d'un Contrat de Fiéfe, du 20. Décembre 1730. produite par Antoine Puval.

Un Contrat de vente, du 25. Septembre 1732. produit par Guillaume Duboſc repreſentant Pierre Racher.

Ce qui réſulte de nôtredit Procès verbal de Viſite, concernant Charles Marie, la veuve Langlois, Madeleine Cretot, Jacques Quetil, Felix Caſſin, Jean Theroulde & Richard Choquet, pour leurs Héritages ſéparément.

Copie collationnée d'un Contrat de vente, du 16. Décembre 1707. produite par Antoine Joüan.

Ce qui réſulte de nôtredit Procès verbal de Viſite, concernant François Duboſc.

Un Bail du 4. Décembre 1638. Un Procès verbal de Viſite, du 13. Novembre 1666. & un Procès verbal de bornage, du 19. Octobre 1666. de l'Ordonnance des Sieurs Commiſſaires de la Réformation, produits par les Religieux de l'Abaïe de Feſcamp.

Un Aveu du 28. Mai 1672. produit par la Demoiſelle Olivier.

Ce qui réſulte de nôtredit Procès verbal de Viſite, concernant ledit ſieur Curé d'Aiſier.

## *GARDE DE LA COUTUME,*

### *Triage de la Haye-d'Aiſier.*

Copie collationnée d'un Contrat de Fiéfe, du 28. Septembre 1681. produite par Nicolas Goſſe repreſentant Nicolas Leſourd.

Copie collationnée d'un Contrat de vente, produite par le nommé Hebert.

Ce qui réſulte de nôtredit Procès verbal de Viſite, concernant les Héritiers Robert Bonzans.

Copies collationnées d'un Contrat de vente, du 9. Avril 1720. d'un Contrat d'échange, du premier Février 1728. & d'un Contrat de Fiéfe, du 17. Septembre 1718. produites par François Leboulardier.

Ce qui réſulte de nôtredit Procès verbal de Viſite, concernant le ſieur de la Boiſſiere.

Un Acte de Lots de partages, du 27. Février 1712. produit par Elie Coquin.

Ce qui réſulte de nôtredit Procès verbal de Viſite, concernant Etienne Lucas.

Copie collationnée d'un Contrat de vente, du 4. Novembre 1730. produite par Guillaume Cretien.

Ce qui réſulte de nôtredit Procès verbal de Viſite, concernant ledit François Leboulardier, & la veuve Jean Caſtel, pour leurs Héritages ſéparément.

Une Déclaration au Terrier d'Aiſier, du 15. Juin 1655. produite par Jean-Baptiſte Deſbarres.

Ce qui réſulte de nôtredit Procès verbal de Viſite, concernant ledit François Leboulardier, Michel Hebert, ledit Elie Coquin, & leſdits Heritiers Robert Bonzans, pour leurs Héritages ſéparément.

Copies collationnées de deux Jugemens de la Réformation, des premier & 20. Juillet 1667. produites par Adrien Marette.

Un Jugement de la Réformation, du 27. Juin 1667. produit par la veuve Choignet.

Ce qui réſulte de nôtredit Procès verbal de Viſite, concernant Marin Dumontier, Pierre Dumontier, Jean Rouſſel, Michel Rouſſel, ledit Adrien Marette, Jacques Meillet, Antoine Guerbot & Jean Lecordier, pour leurs Héritages ſéparément.

### *Triage du Hêtre-Fée.*

POINT de Riverains.

### *Triage du Poteau.*

UN Extrait du Cahier des Gages-pléges du Fief de Moüy, du 23. Juin 1666. produit par les Sindics & Habitans de Vatteville.

### *Triage des Côtes du Roulle.*

Les Titres & Piéces ci-devant produits par les Sindics & Habitans de Vatteville.

Ce qui réſulte de nôtredit Procès verbal de Viſite, concernant ledit ſieur Duc d'Harcourt, François Lebarbier, ledit Guillaume Cretien, Jacques Lefévre, ledit ſieur Baſpré, ledit Guillaume Cretien & ledit François Lebarbier, pour leurs Héritages ſéparément.

Copie collationnée d'un Contrat de Fiéfe, du 15. Octobre 1724. & d'un Contrat de vente, du 31. Octobre 1738. produite par Robert Goharel.

Ce qui réſulte de nôtredit Procès verbal de Viſite, concernant leſdits Heritiers Bonzans.

## GARDE DES LANDES,

### *Triage de Marre-Senſurette.*

POINT de Riverains.

### *Triage de l'Hermitage.*

UN Bail du 3. Octobre 1659. & un Procès verbal de Martelage, du 2. Mars 1678. produit par les Religieux de l'Abaïe de Préaux.

Ce qui résulte de nôtredit Procès verbal de Viſite, concernant ledit ſieur Duc d'Harcourt.

### *Triage de Marre-Tonne.*

CE qui réſulte de nôtredit Procès verbal de Viſite, concernant ledit ſieur Duc d'Harcourt.

Ce qui réſulte de nôtredit Procès verbal de Viſite, concernant les Héritiers Jean Laiſné.

Un Acte de Lots de partages, du 9. Novembre 1581. Copies collationnées d'un Contrat de vente, du 21. Octobre 1688. & d'un Aveu du 21. Octobre 1688. produits par Nicolas Hibert.

Ce qui réſulte de nôtredit Procès verbal de Viſite, concernant ledit ſieur Baſpré & Jean Tuvache, pour leurs Héritages ſéparément.

Un Aveu du premier Juillet 1699. produit par Thomas Auger.

Les Titres & Pieces ci-devant produits par leſdits Sindics & Habitans de Vatteville.

## *GARDE DE LA HAYE DU MORT,*

### *Triage du Fond-du-Val.*

LES Titres & Pieces ci-devant produits par leſdits Sindics & Habitans de Vatteville.

Ce qui réſulte de nôtredit Procès verbal de Viſite, concernant le ſieur du Hannoy.

Copies collationnées d'un Contrat de vente, du 20. Février

1679. & d'un Contrat d'échange, du 17. Avril 1667. produit par Marin Hebert.

Ce qui réſulte de nôtredit Procès verbal de Viſite, concernant Nicolas Lemercier, & Antoine Braſſeur, pour leurs Héritages ſéparément.

Un Contrat de vente, du 12. Mars 1645. produit par Jean Delahaye.

Ce qui réſulte de nôtredit Procès verbal de Viſite, concernant Nicolas Hebert, ledit Marin Hebert, ledit Nicolas Hebert & Madeleine Delonguemare, pour leurs Héritages ſéparément.

Un Jugement des Sieurs Commiſſaires de la Réformation, du 22. Juin 1670. & un autre Jugement de maintenuë en poſſeſſion, du 19. Mars 16... produit par le ſieur du Caſtelier.

Ce qui réſulte de nôtredit Procès verbal de Viſite, concernant Guillaume Eſmot, & Jean Maucretien, pour leurs Héritages ſéparément.

Un Contrat de vente, du premier Juin 1710. produit par le ſieur Delaruë.

Ce qui réſulte de nôtredit Procès verbal de Viſite, concernant Ambroiſe Delonguemare.

Copie collationnée d'un Jugement de la Réformation, du 23. Juin 1667. & un Aveu du 21. Juin 1669. produits par les Héritiers Antoine Gentil.

Ce qui réſulte de nôtredit Procès verbal de Viſite, concernant Marin Cornier, & le ſieur Colleaux, pour leurs Héritages ſéparément.

Une Ajudication faite par les Sieurs Commiſſaires de Sa Majeſté, du 20. Juin 1522. & un Aveu du 12. Décembre 1541. produits par le ſieur de Chambellan.

Copie collationnée d'un Extrait des Aſſiſes du Pontaudemer, du 10. Avril 1617. produits par les Maîtres de la Charité de Vatteville.

Ce qui résulte de nôtredit Procès verbal de Visite, concernant le sieur Lemasier, lesdits Marin Hebert, Jacques Delonguemare, Nicolas Talon, les Héritiers Robert Delonguemare, Antoine Doré, François Regnier, Jacques Delisle, le Tresor de Vatteville, le sieur Prémont, Etienne Buhot, le sieur de Bellegarde, Pierre Hautement, les Héritiers Doré, Jacques Laumonier, ledit sieur Duc d'Harcourt, ledit sieur Colleaux, Felix Gentil & Jacques Cauchis, pour leurs Héritages séparément.

Une Requête, ensemble un Acte de Lots de partages, du 20. Janvier 1647. produits par Loüis & Charles Marais.

Un Contrat de vente, du 28. Janvier 1692. produit par Jean Marais.

Un Acte de Lots de partages, du 13. Juin 1638. & quatre Contrats de vente, des premier Mai 1718. 11. Septembre 1720. premier Octobre 1724. & 10. Juillet 1731. produits par Jacques Scolot.

Ce qui résulte de nôtredit Procès verbal de Visite, concernant Loüis Herpin, Jean Levitre, Robert Hamelin, Vincent Cauchois, ledit sieur Colleaux, Pierre Ledoux, Pierre Delabrée, Anne Delonguemare, les Héritiers Ambroise Lemonnier, ledit Charles Regnier, ledit Pierre Hautement, ledit Robert Hamelin, ledit sieur Duc d'Harcourt, Michel Chambellan, la Dame Fleury, Loüis Lefévre, Alexandre Chambellan, ladite Dame Fleury & le nommé Robert, pour leurs Héritages séparément.

Copie collationnée d'un Arrest du Conseil, du 29. Mars 1677. produit par les Sindics & Habitans de Bliquetuit.

### *Triage du Gros-Hêtre.*

LES Titres & Pieces ci-devant produits par les Sindics & Habitans de Bliquetuit.

Ce

Ce qui réſulte de nôtredit Procès verbal de Viſite, concernant ledit ſieur Duc d'Harcourt & le ſieur Meillet, pour leurs Héritages ſéparément.

Un Contrat de vente, du 4. Janvier 1693. produit par Jean Cauvin.

Un Aveu du 13. Juin 1668. produit par Jean Freville.

Ce qui réſulte de nôtredit Procès verbal de Viſite, concernant Jean Laiſné.

Ce qui réſulte de nôtredit Procès verbal de Viſite, concernant ledit ſieur Duc d'Harcourt.

Tous les ci-deſſus nommez propriétaires d'Héritages riverains deſdites Forêts du Trait, de Maulevrier, Gravençon & Brotonne, ſuſdites Gardes & Triages.

Les Concluſions définitives du Procureur Genéral de ladite Réformation, ſur le tout; & oüis leſdits Sieurs le Paige & Cheret, en leurs Raports: Tout conſideré;

# FOREST DU TRAIT, Jug.

## *GARDE DE LA HAYE D'YAINVILLE,*

### *Triage de l'Ecachon & Belle-Côte.*

NOUS Commiſſaires-Réformateurs Genéraux, faiſans droit ſur le tout, avons condamné ledit ſieur du Vauroüy en Cinq livres d'Amende envers le Roy, pareille ſomme de reſtitution & deux ſols pour livre deſdites deux ſommes, pour l'abatis de quelques Cépées ſur le foſſé de ladite Foreſt, lors de l'exploitation des Taillis dudit ſieur du Vauroüy; & au ſurplus, ordonnons qu'il ſera tenu de ſe clorre de foſſez entre ſes Héritages & ladite Foreſt, ſuivant l'alignement qui lui en ſera donné, & de fournir en outre la quantité de bornes néceſſaires au bornage, ainſi qu'il ſera preſcrit par nôtre Réglement genéral.

Que ledit ſieur Davoult, & ledit ſieur Fautrel ſeront tenus, chacun en droit ſoi, de ſe clorre de foſſez, & de ſe borner entre leurs Héritages & ladite Foreſt, ainſi qu'il ſera ci-après preſcrit par nôtre Réglement genéral.

## *Triage du Val-Retour.*

QUE leſdits Laurent Bachelet, Pierre Boulen, Nicolas Lecordier, Etienne Dubreüil, ſieur de Neufville, Nicolas Duboſc, veuve Boulen, veuve Corvé, veuve Boulen, Jean Dubreüil, ſieur de Gerville, ſieur Carrier, Héritiers Nicolas Pecot, ſieur Carrier, Héritiers Nicolas Pecot, ſieur Ponty, Charles Gentey, Héritiers Nicolas Pecot, Robert Gueudry, Guillaume Cornier, Pierre Baſville, Héritiers Nicolas Pecot, Pierre Delafoſſe & leſdits Religieux de l'Abaïe de Jumiéges ſeront tenus, chacun en droit ſoi, de ſe clorre de foſſez, & de ſe borner entre leurs Héritages & ladite Foreſt, ainſi qu'il ſera ci-après preſcrit par nôtre Réglement genéral.

Avons maintenu ledit ſieur Ponty en la propriété de ſes Clos & Héritages aux rives de ladite Foreſt; parce que néanmoins il ſera tenu de clorre une Sente inutile, étant proche de ſes Héritages, donnant entrée dans ladite Foreſt, de les ſéparer d'icelle par foſſez, ſuivant l'alignement qui lui en ſera donné, & de fournir en outre la quantité de bornes néceſſaires au bornage, ainſi qu'il ſera preſcrit par nôtre Réglement genéral.

Que ledit de Glatigny ſera tenu de ſe clorre de foſſez, & de ſe borner entre ſes Héritages & ladite Foreſt, ainſi qu'il ſera ci après preſcrit par nôtre Réglement genéral.

Avons maintenu ladite veuve Dumeſnil & ledit Boquet,

en la propriété & joüiſſance de la liſiére de Bois, tenant à leurs Héritages, le long de ladite Foreſt; & ſeront au ſurplus tenus de ſe clorre de foſſez entr'iceux & ladite Foreſt, ſuivant l'alignement qui leur en ſera donné, & de fournir en outre la quantité de bornes néceſſaires au bornage, ainſi qu'il ſera ci-après preſcrit par nôtre Réglement general.

Que leſdits Nicolas Boquet, Jacques-Antoine Deſlies, nommé Duboſc, ſieur Comte du Taillis & ledit ſieur Cheron ſeront tenus, chacun en droit ſoi, de ſe clorre de foſſez, & de ſe borner entre leurs Héritages & ladite Foreſt, ainſi qu'il ſera ci-après preſcrit par nôtre Réglement general.

## *Triage du Marais-Gagnet.*

QUE leſdits ſieur Comte du Taillis, ſieur Cheron, Nicolas Cheron, ſieur Lefévre, ſieur Bertin, Nicolas Barbey, Nicolas Simon, Maurice Tiphagne, Nicolas Hautot, Nicolas Lambert, Maurice Tiphagne, ſieur Bertin, Nicolas Simon, ſieur Bertin, Nicolas Belley, ſieur Bertin, Nicolas Mareſcot, ſieur Comte du Taillis, Pierre Leveau, Nicolas Cheron, ſieur Viel, Nicolas Cheron, Nicolas Simon, Pierre Brunet, Loüis Hamin, Pierre Legrain, Religieux de Jumiéges, ſieur Bertin, Nicolas Goſſe, ſieur Bertin, nommé Gueudry, Adrien Cauvin, ſieur Lefévre, Deſir Miroulde, Héritiers Accard, Héritiers Charles Thinel, Charles Cauvin, Demoiſelle de Fontenay, Marin Leveſque, Pierre Hautot, & ledit Marin Leveſque ſeront tenus, chacun en droit ſoi, de ſe clorre de foſſez, & de ſe borner entre leurs Héritages & ladite Foreſt, ainſi qu'il ſera ci-après preſcrit par nôtre Réglement general.

## *GARDE DE LA HAIE DES PERQUES.*

### *Triage du Mont-Hideux.*

QUE leſdits ſieur Friardel, Godalier, Pierre Quiquehan, Pierre Quenot, ſieur Berruyer, Demoiſelle Vavaſſeur, Robert Leclerc, Richard Duperron, Demoiſelle Vavaſſeur, ſieur Berruyer, ſieur Freville, Guillaume Pupin, Nicolas Bertault, Guillaume Pupin & ledit Loüis Bachelet ſeront tenus, chacun en droit ſoi, de ſe clorre de foſſez, & de ſe borner entre leurs Héritages & ladite Foreſt, ainſi qu'il ſera ci-après preſcrit par nôtre Réglement general.

### *Triage du Val-Herbeux & Vallée du Vauroüy.*

QUE leſdits Pierre Levillain, Jacques Conihout, ſieur Creſté & ledit Pierre Levillain ſeront tenus, chacun en droit ſoi, de ſe clorre de foſſez, & de ſe borner entre leurs Héritages & ladite Foreſt, ainſi qu'il ſera ci-après preſcrit par nôtre Réglement general.

### *Triage du Chêne-au-Clou.*

QUE leſdits Nicolas Lecordier, Thomas Tuvache, ſieur Friardel, Nicolas Lecordier, Adrien-Robert Corvé, Communes du Trait & de Sainte-Marguerite, ſieur Montalent, Marc Rouget, ſieur Creſté, Pierre Renoult, Marc Rouget, Nicolas Cauvin, veuve Lemoine, ſieur Hebert, François Fontaine, ſieur Lebrument, ſieur Hebert, François Fontaine & ledit Pierre Levillain ſeront tenus, chacun en droit ſoi, de ſe clorre de foſſez, & de ſe borner entre leurs Héritages & ladite Foreſt, ainſi qu'il ſera ci-après preſcrit par nôtre Réglement general.

## *Triage de la Cavée du Noyer.*

QUE leſdits Nicolas Mutel, Héritiers Romain Poiſſon, Guillaume Poiſſon, Nicolas Mutel, Guillaume Poiſſon, Guy Cauvin, Guillaume Poiſſon, ſieur Poulain, ſieur Anquetil, Guillaume Poiſſon, Héritiers Romain Poiſſon, François Conihout, Loüis Conihout, Héritiers Etienne Conihout, Pierre Boulen, Pierre Levillain, ſieur Moufflard, Thomas & Robert Ponty, Pierre Bennetot, Romain Ponty, Joſeph Dieul, Pierre Levillain, Nicolas Mutel, Nicolas Conihout, Pierre Levillain, Communes du Trait & de Sainte-Marguerite, ſieur Lebrument, veuve Legrand, Dame de Glatigny, Loüis Delaunay, veuve Legrand, Marc Rouget, veuve Lecouteulx, Loüis Delauney, veuve Legrand, Pierre Iſacard, Pierre Renoult & ladite veuve Legrand ſeront tenus, chacun en droit ſoi, de ſe clorre de foſſez : Et ordonnons que tous les ci-deſſus nommez ſeront tenus, chacun en droit ſoi, de ſuprimer les Barrieres donnant entrée de leurs Héritages dans la Foreſt, & de relever les foſſez, & clorre les Sentes de communication deſdits Héritages dans ladite Foreſt, & ce, dans quinzaine du jour de la ſignification du preſent Jugement ; ſinon & faute par eux d'y ſatisfaire dans ledit tems, & icelui paſſé, il y ſera pourvû à la diligence du Procureur Genéral de ladite Réformation, à leurs frais & dépens ; & ſeront tenus d'entretenir tout ce que deſſus, ſous peine de cinquante livres d'Amende pour la premiere contravention, & ſous plus grande peine en cas de récidive, & de fournir en outre la quantité de bornes néceſſaires au bornage, ainſi qu'il ſera ci-après preſcrit par nôtre Réglement general.

## *GARDE DE LA HAYE DE GOSVILLE,*

### *Triage du Val-Hagot.*

QUE leſdits veuve Legrand, ſieur Brument, Demoiſelle Levillain, Loüis Tubeuf, Jacques Conihout, Jean Eudes, Jacques Conihout, veuve Haley, ſieur Coulon, Jean Eudes, ſieur Lebrument, Jean Eudes, & leſdites Communes des Planitres & de la Corderie ſeront tenus, chacun en droit ſoi, de ſe clorre de foſſez, & de ſe borner entre leurs Héritages & ladite Foreſt, ainſi qu'il ſera ci-après preſcrit par nôtre Réglement général.

### *Triage des Caillettes.*

QUE leſdits ſieurs Dubuſc, Jacques Conihout, veuve Haley, ſieur Coulon, veuve Haley, ſieur Coulon, veuve Legrand, Jean Eudes, veuve Haley, veuve Legrand, Communes des Caillettes, Nicolas Bertault & ladite veuve Legrand ſeront tenus, chacun en droit ſoi, de ſe clorre de foſſez, & de ſe borner entre leurs Héritages & ladite Foreſt, ainſi qu'il ſera ci-après preſcrit par nôtre Réglement général.

### *Triage de Caudebequet.*

QUE leſdits ſieurs Etienne, veuve Legrand, Jerôme Lucas, René Bapaume, Jerôme Lucas, René Bapaume, la Chapelle Saint-Amand, Pierre Delauney, ſieur Langlois, ſieur Dubuſc, ſieur Verbois, Claude Vorin, Loüis Delauney, ſieur Coulon, Jacques Maucretien, Loüis Tubeuf, ſieur Lefévre & Jacques Vigord ſeront tenus, chacun en droit ſoi, de ſe clorre de foſſez, & de ſe borner entre leurs Héritages & ladite Foreſt, ainſi qu'il ſera ci-après preſcrit par nôtre Réglement general.

Avons déclaré les Ormes plantez le long du grand Chemin, tendant de Roüen à Caudebec, du côté de ladite Foreſt, en faire partie : Ordonnons au ſurplus, que les Religieux de l'Abaïe de Saint Wandrille ſeront tenus de ſe clorre de foſſez, entre ladite Foreſt & leurs Héritages, ſuivant l'alignement qui leur en ſera donné, & de fournir en outre la quantité de bornes néceſſaires au bornage, ainſi qu'il ſera preſcrit par nôtre Réglement general.

Que ledit ſieur Lefévre ſera tenu de ſe clorre de foſſez, & de ſe borner entre ſes Héritages & ladite Foreſt, ainſi qu'il ſera ci-après preſcrit par nôtre Réglement general.

Ladite Abaïe de Saint Wandrille précédemment jugée à ce ſujet.

# FOREST DE MAULEVRIER.

## *GARDE DE LA HAYE-DES-PREZ,*

### *Triage de l'Hermitage & Penchans de Rançon.*

QUE leſdits ſieur Jerôme Lucas, ſieur Sacquépée, ſieur Leduc, ſieur Moriſſet, Catherine Canivet, François Deſombres, ſieur Curé de Rançon, ſieur Creſté, François Deſombres, nommé Beuriot, ſieur Creſté, nommé Beuriot, Gaſpard Deſchamps, Abaïe de S. Wandrille, ſieur Lefévre, ſieur Comte du Taillis, ſieur Lefrançois, Nicolas Maucretien, ſieur Foloppe de Rétival, ſieur Legras & ledit ſieur Lefrançois ſeront tenus, chacun en droit ſoi, de ſe clorre de foſſez, & de ſe borner entre leurs Héritages & ladite Foreſt, ainſi qu'il ſera ci-après preſcrit par nôtre Réglement general.

Aïant égard à la Requête dudit ſieur d'Angleſqueville, lui avons acordé main-levée du Châtaigner ſur lui ſaiſi, par Exploit de Prezot, Garde de la Foreſt : Ordonnons au ſurplus qu'il ſera tenu de ſe clorre de foſſez, entre icelle & ſes Héritages, ſuivant l'alignement qui lui en ſera donné, & de fournir en outre la quantité de bornes néceſſaires au bornage, ainſi qu'il ſera preſcrit par nôtre Réglement general.

### *Triage de la Vignette.*

QUE leſdits ſieur Vaucquier, ſieur Foloppe de Rétival, ſieur Hébran, nommé Groſcol, ſieur Lucas, Michel Alais, Adrien Nez, ſieur de Quenonville, ſieur His, ſieur de Cretot, ſieur Melicieux, ſieur de Courcelle, ſieur Lucas, & ledit ſieur d'Angleſqueville ſeront tenus, chacun en droit ſoi, de ſe clorre de foſſez, & de ſe borner entre leurs Héritages & ladite Foreſt, ainſi qu'il ſera ci-après preſcrit par nôtre Réglement general.

## *GARDE DE MONTMESLIER.*

### *Triage de Cauqueſoit.*

AVONS déclaré la Place vague apellée les Veaux, étant entre ladite Foreſt & les Héritages dudit ſieur de Romé & de ladite Dame de Biville, faire partie de ladite Foreſt; & que leſdits ſieur de Romé, ſieur d'Alincourt, Communes de S. Gilles & ladite Dame de Biville ſeront tenus au ſurplus, chacun en droit ſoi, de ſe clorre de foſſez, & de ſe borner entre leurs Héritages & ladite Foreſt, ainſi qu'il ſera ci-après preſcrit par nôtre Réglement général.

### *Triage des Quatre-Chemins.*

LADITE Dame de Biville précédemment jugée à ce ſujet.

Ledit

Ledit ſieur de Bourville ſera tenu de ſe clorre de foſſez, & de ſe borner entre ladite Foreſt & ſeſdits Héritages, ainſi qu'il ſera ci-après preſcrit par nôtre Réglement genéral.

Ordonnons que ledit ſieur Ciron ſera tenu de ſuprimer les Barrieres & Sentes donnant entrée de ſes Héritages dans la Foreſt, & ce dans quinzaine du jour de la ſignification de nôtre preſent Jugement; & au ſurplus de ſe clorre de foſſez, & de ſe borner entre ſes Héritages & ladite Foreſt, ainſi qu'il ſera ci-après preſcrit par nôtre Réglement genéral :

Que ledit ſieur Genevré ſera tenu de ſe clorre de foſſez, & de ſe borner entre ſes Héritages & ladite Foreſt, ainſi qu'il ſera ci-après preſcrit par nôtre Réglement genéral.

Ordonnons que Thereſe Levillain ſera tenuë de ſuprimer les Barrieres & Sentes donnant entrée de ſes Héritages dans la Foreſt, & ce dans quinzaine du jour de la ſignification de nôtre preſent Jugement, & au ſurplus de ſe clorre de foſſez, & de ſe borner entre ſes Héritages & ladite Foreſt, ainſi qu'il ſera ci-après preſcrit par nôtre Réglement genéral :

Que leſdits ſieur Lefévre, Marin Beaufils, Thereſe Levillain, ſieur Lefévre, nommé Laiſné, Thereſe Levillain, ſieur de Rames, ſieur de Renneville, ſieur Dubuſc, ſieur de Renneville, ſieur de Rames, ſieur le Cœur, Repreſentans Maucourt, Marguerite Deſmeſliers, & ledit ſieur de Cretot ſeront tenus, chacun en droit ſoi, de ſe clorre de foſſez, & de ſe borner entre leurs Héritages & ladite Foreſt, ainſi qu'il ſera ci-après preſcrit par nôtre Réglement genéral.

## *Triage des Forts.*

Que leſdits ſieur de Rames, & ledit ſieur Foloppe ſeront tenus, chacun en droit ſoi, de ſe clorre de foſſez, & de ſe borner entre leurs Héritages & ladite Foreſt, ainſi qu'il ſera ci-après preſcrit par nôtre Réglement general.

Avons maintenu ledit ſieur le Marchand en la proprieté de la pointe de Terre mentionnée en nôtredit Procès verbal de Viſite, plantée en jeunes Hètres, ſéparée de ladite Foreſt par le Grand Chemin du Havre à Caudebec, & par un autre Chemin apellé la Haute-voïe, tendant au Puits-Bourdon : Ordonnons au ſurplus, que ledit ſieur le Marchand ſera tenu de ſe clorre de foſſez entre ladite Foreſt & ſes Héritages, ſuivant l'alignement qui lui en ſera donné, & de fournir en outre la quantité de bornes néceſſaires au bornage, ainſi qu'il ſera preſcrit par nôtre Réglement general:

Que ledit ſieur Lecœur ſera tenu de ſe clorre de foſſez, & de ſe borner entre ſes Héritages & ladite Foreſt, ainſi qu'il ſera ci-après preſcrit par nôtre Réglement general.

## *Triage des Côtes de Saint-Pierre.*

Ledit ſieur le Marchand précédemment jugé à ce ſujet.

Que leſdits Loüis Duval, ſieur de la Bruyere, ſieur Lefévre, Repreſentans Goſſelin, nommé Quinel, Marin Beaufils, Pierre Lebaillif, nommé Quinel, ſieur de Courval, Chapelle S. Pierre, ſieur de Courval, nommé Quinel, ſieur de Cretot, ſieur His, ſieur de Quenonville, Gaſpard Deſchamps, Heritiers Maucourt, Etienne Navarre, Adrien le Bourg, Héritiers Maucourt & ledit ſieur le Cœur, ſeront tenus de ſe clorre de foſſez, & de ſe borner entre leurs Héritages & ladite Foreſt, ainſi qu'il ſera ci-après preſcrit par nôtre Réglement general.

## GARDE DE LA POMMERAYE.

### *Triage de la Côte de la Juſtice.*

ORDONNONS que Jean Pottier & Jean Ferey ſeront tenus, chacun en droit ſoi, de ſuprimer les Barrieres & Sentes donnant entrée de leurs Héritages dans ladite Foreſt, & ce, dans quinzaine du jour de la ſignification de nôtre preſent Jugement, & ſe clorront au ſurplus de foſſez entre ladite Foreſt & leurs Héritages, ſuivant l'alignement qui leur en ſera donné, & fourniront en outre la quantité de bornes néceſſaires au bornage, ainſi qu'il ſera preſcrit par nôtre Réglement général :

Que leſdits Peres Capucins, ſieur Alexandre, Claude le Cerf ſeront tenus, chacun en droit ſoi, de ſe clorre de foſſez, & de ſe borner entre leurs Héritages & ladite Foreſt, ainſi qu'il ſera ci-après preſcrit par nôtre Réglement general.

Ledit ſieur le Marchand précédemment jugé à ce ſujet.

Que leſdits ſieur Dubuſc, Religieuſes de Caudebec, & ledit ſieur Lucas ſeront tenus, chacun en droit ſoi, de ſe clorre de foſſez, & de ſe borner entre leurs Héritages & ladite Foreſt, ainſi qu'il ſera ci-après preſcrit par nôtre Réglement general.

### *Triage de la Pommeraye.*

LEDIT ſieur le Marchand précédemment jugé à ce ſujet.

Que leſdits Dame de Franqueville, ſieur d'Arneville, ſieur Alexandre, ſieur de Bailleul, ſieur de Cretot, ſieur de Quenonville, Gaſpard Deſchamps, Madeléne Beauvais, ſieur de Quenonville, Religieuſes de Caudebec, ſieur Dubuſc, & ledit ſieur de Bailleul ſeront tenus, de ſe clorre de foſſez, & de ſe borner entre leurs Héritages & ladite Foreſt, ainſi qu'il ſera ci-après preſcrit par nôtre Réglement general.

*Triage de la Vallette.*

QUE leſdites Religieuſes de Caudebec, ſieur d'Arneville, Adrien Janne, Pierre Guilbert, ſieur d'Houquetot, Pierre Gilbert, ſieur le Marchand, ſieur de Bermonville, les nommez Caron, & ledit ſieur Curé de Saint Arnoult ſeront tenus, de ſe clorre de foſſez, & de ſe borner entre leurs Héritages & ladite Foreſt, ainſi qu'il ſera ci-après preſcrit par nôtre Réglement général.

*Triage du Puits-Bourdon.*

QUE leſdits ſieur de Bermonville, ſieur d'Houquetot, Pierre Caron, ſieur de Bermonville, Pierre Caron, Adrien le Bourg, veuve Nicolas Duboſc, Adrien Janne, Jacques Hermel, Adrien Janne, veuve Nicolas Duboſc, ſieur Varengue, & ledit ſieur de Romé ſeront tenus, chacun en droit ſoi, de ſe clorre de foſſez, & de ſe borner entre leurs Héritages & ladite Foreſt, ainſi qu'il ſera ci-après preſcrit par nôtre Réglement général.

## BOIS TAILLIS DE GRAVENÇON,

*Triage du Platon & de la Vallette.*

QUE leſdites Communes de la Freſnaye, Dame Maréchalle d'Harcourt, Communes du Platon, Dame d'Harcourt, Demoiſelle Herault, Dame d'Harcourt, Chapelle du Lugan, Dame de Mirville, ſieur du Catillon, & ladite Dame Maréchalle d'Harcourt ſeront tenus, chacun en droit ſoi, de ſe clorre de foſſez,

& de ſe borner entre leurs Héritages & ladite Foreſt, ainſi qu'il ſera ci-après preſcrit par nôtre Réglement general.

*Triage de la Houſſaye.*

QUE leſdites Communes de la Freſnaye, ſieur d'Aliquerville, Dame Maréchalle d'Harcourt, ſieur de Bellegarde, Demoiſelle le Pelay, Héritier Lavergne, Demoiſelle le Pelay ſeront tenus de ſe clorre de foſſez, & de ſe borner entre leurs Héritages & ladite Foreſt, ainſi qu'il ſera ci-après preſcrit par nôtre Réglement general.

# FOREST DE BROTONNE.

## *GARDE DU VUY.*

*Triage des Champs de Derriere.*

QUE ledit ſieur de la Houſſiere & le ſieur de Genevré ſeront tenus de ſe clorre de foſſez, & de ſe borner entre leurs Héritages & ladite Foreſt, ainſi qu'il ſera preſcrit par nôtre Réglement general.

*Triage du Vallot.*

QUE ledit ſieur Duqueſne & leſdites Communes du Bourg-Labbé ſeront tenus, chacun en droit ſoi, de ſe clorre de foſſez, & de ſe borner entre leurs Héritages & ladite Foreſt, ainſi qu'il ſera ci-après preſcrit par nôtre Réglement general.

*Triage de Marre-des-Meſliers.*

QUE leſdits Nicolas Bourdon, Jacques Hemot, Nicolas

Bourdon, Laurent Herpin, Héritiers Jean Lefrançois, Nicolas Bourdon, Jean Lefrançois, Noël Gueroult, Pierre Herpin, Jacques Herpin, Loüis Hamel, Repreſentans Hamel, Loüis Herpin, Pierre Herpin, ſieur Baſpré & leſdits Religieux de l'Abaïe de Jumiéges ſeront tenus, chacun en droit ſoi, de ſe clorre, & de ſe borner entre leurs Héritages & ladite Foreſt, ainſi qu'il ſera ci-aprés preſcrit par nôtre Réglement general.

## *GARDE DE LA GRANDE Houſſaye,*

### *Triage du Gros-Houx.*

QUE leſdits Religieux de l'Abaïe de Jumiéges ſeront tenus de ſe clorre de foſſez, & de ſe borner entre leurs Héritages & ladite Foreſt, ainſi qu'il ſera ci-aprés preſcrit par nôtre Réglement général.

### *Triage des Côtes d'Hauville.*

QUE leſdits ſieur de la Vaupaliere, Vincent Ferrand, Héritiers Denis Savalle, Michel Savalle, Nicolas Accard, Robert Boſquet, ſieur de la Grande-Houſſaye, Laurent Lecoq, Héritiers du ſieur la Cauchure, George Queſnel, Pierre Mareſcot, Loüis Larcier, Gabriel Gueroult, Charles Boſquet, François Boſquet & leſdits Héritiers Nicolas Lejemble ſeront tenus, chacun en droit ſoi, de ſe clorre de foſſez, & de ſe borner entre leurs Héritages & ladite Foreſt, ainſi qu'il ſera ci-aprés preſcrit par nôtre Réglement général.

### *Triage de Marre de la Houſſaye.*

POINT de Riverains.

*Triage du Beau-Carrefour.*

POINT de Riverains.

## *GARDE DE CAVEAUMONT.*

### *Triage du Val du Sou & Côtes de la Harelle.*

QUE lesdits Religieux de l'Abaïe de Jumiéges, sieur Basſpré, Dame Bosquet, sieur Duc d'Harcourt, Pierre Bignon, Loüis le Fort, Marin Coudret, Jean Mongreard, Michel Durand, Jean Huet, Jean Mongreard, Michel Durand, Pierre Durand, Michel Durand, Jean Lecomte, Denis Bouvier, Vincent Turgard, sieur Duc d'Harcourt, Communes de Jumiéges, sieur Marescot, veuve Laisné, veuve Nicolas Mutel, Pierre Tuvache, Philippes Fauvel, & ledit André Tuvache seront tenus, chacun en droit soi, de se clorre de fossez, & de se borner entre leurs Héritages & ladite Forest, ainsi qu'il sera ci-après prescrit par nôtre Réglement général.

### *Triage du Planitre aux Orties.*

QUE lesdits Religieux de Jumiéges & lesdites Communes de Jumiéges seront tenus, chacun en droit soi, de se clorre de fossez, & de se borner entre leurs Héritages & ladite Forest, ainsi qu'il sera ci-après prescrit par nôtre Réglement général.

### *Triage du Val du Suret.*

QUE ledit sieur de la Vaupaliere sera tenu de se clorre de fossez, & de se borner entre ses Héritages & ladite Forest, ainsi qu'il sera ci-après prescrit par nôtre Réglement general.

## GARDE DU LANDIN.

### *Triage du Val-Ragot.*

QUE leſdits Jean Huë, Religieux de Jumieges, Jean Denis, Jacques Lefévre, Pierre Tuvache, Pierre Mareſcot, Laurent Levillain, Abaïe de Jumieges, François Varin, Michel Loüye, Pierre Aubert, Religieux de Jumiege, Communes du Landin, ſieur de la Pie, Religieux de Jumieges, ſieur de la Grande-Houſſaye, & ledit ſieur Tuvache ſeront tenus, chacun en droit ſoi, de ſe clorre de foſſez, & de ſe borner entre leurs Héritages & ladite Foreſt, ainſi qu'il ſera ci-après preſcrit par nôtre Réglement général.

### *Triage de Marre-Rotoir.*

POINT de Riverains.

### *Triage du Val-Gueroult.*

QUE leſdits ſieurs le Feron, Denis Matard l'aîné, Marin Boſquet, Denis Matard le jeune, ſieur le Feron, ſieur de la Ferganterie, Loüis Duvracq, ſieur Lemarié, Jean Mutel, Michel Bouvier, Jean Deſprez, Loüis Fauvel, Héritiers la Cauchure, Richard Condor, & ledit ſieur de la Vaupaliere ſeront tenus, chacun en droit ſoi, de ſe clorre de Foſſez, & de ſe borner entre leurs Héritages & ladite Foreſt, ainſi qu'il ſera ci-après preſcrit par nôtre Réglement général.

## GARDE DE LA PETITE HOUSSAYE.

### *Triage de Marre-Boutieu.*

POINT de Riverains.

*Triage*

### *Triage de Marre-Moteuſe.*

POINT de Riverains.

### *Triage de Marre-Livet.*

QUE leſdits Nicolas Lejemble, François Boſquet, Treſor d'Hauville, Héritiers ſieur la Cauchure, George Quenet, Michel Boſquet, Héritiers Etienne Cavelier, Claude Beſnard, Demoiſelle du Bourdonné, Charles Gueroult, Marin Boſquet, Blaiſe Ruffaut, Michel Feſne, ſieur Hebert, Charles Fieux, Luc Savalle, Nicolas Lallier, ſieur du Bourdonné, Luc Savalle, ſieur Romain Procureur, ſieur du Bourdonné, ſieur Romain Avocat, Jean Gueroult, Pierre Lallier, & ledit ſieur Delahaye ſeront tenus, chacun en droit ſoi, de ſe clorre de foſſez, & de ſe borner entre leurs Héritages & ladite Foreſt, ainſi qu'il ſera ci-après preſcrit par nôtre Réglement genéral.

### *Triage de Marre du Pommeray.*

QUE ledit ſieur Delahaye & ledit ſieur Delabarre ſeront tenus, chacun en droit ſoi, de ſe clorre de foſſez, & de ſe borner entre leurs Héritages & ladite Foreſt, ainſi qu'il ſera ci-après preſcrit par nôtre Réglement général.

## *GARDE DU PARQUET,*

### *Triage de la Marette.*

QUE leſdits Héritiers Richard Foutrel, Touſſaint Beſnard, nommé Rouſſel, Nicolas Delamare, Pierre Delamare, ſieur de Bonneval, Jean Hebert, Charles Couture, Loüis Hebert, veuve Pierre Hebert, Abraham Baudoüin, Héritiers Richard Foutrel, Dame Harden, veuve Charles Harel, Héritiers Laumonier, ſieur Langegnieur, Héritiers Jacques Petit, Nicolas Cauchis, François Delaruë & ledit Antoine Delaruë ſeront tenus, chacun en droit ſoi, de ſe clorre de foſſez, & de ſe borner entre leurs Héritages & ladite Foreſt, ainſi qu'il ſera ci-après preſcrit par nôtre Réglement general.

### *Triage de Marre-aux-Aſnes.*

QUE leſdits Jacques Leſcuyer, Héritiers Jacques Queſnel, Nicolas Lebarbier, Artus Mutel, Antoine Delaruë, Jacques Longuemare, Alexandre Debourges, Héritiers Jacques Delaruë, Nicolas Reaut, Robert Delaruë, Antoine Longuemare, François Delaruë, Jean-Baptiſte Baudoüin, Jean Anquetil, Pierre Anquetil, Roger Anquetil, Marguerite Baudoüin, Charles Cauchis, Jacques Delaruë, Antoine Baudoüin, Charles Baudoüin, Jean Falaiſe, Jean Anquetil, François Delaruë, Roger Anquetil & ledit François Delaruë ſeront tenus, chacun en droit ſoi, de ſe clorre de foſſez, & de ſe borner entre leurs Héritages & ladite Foreſt, ainſi qu'il ſera ci-après preſcrit par nôtre Réglement general.

### *Triage de Marre-Bu.*

QUE leſdits Roger Anquetil, Charles Coquin, ſieur de Chopillard, Marguerite Baudoüin, ſieur Delamare-Mauduit & ledit ſieur de la Cour-Bourneville ſeront tenus, chacun en droit ſoi, de ſe clorre de foſſez, & de ſe borner entre leurs Héritages & ladite Foreſt, ainſi qu'il ſera ci-après preſcrit par nôtre Réglement général.

## GARDE DE LA LONDE,

### *Triage de Romilly.*

QUE ledit ſieur de Monthulé & ledit ſieur de la Bouque ſeront tenus, chacun en droit ſoi, de ſe clorre de foſſez, & de ſe borner entre leurs Héritages & ladite Foreſt, ainſi qu'il ſera ci-après preſcrit par nôtre Réglement général.

### *Triage de Monthulé.*

POINT de Riverains.

### *Triage de la Grande-Souche.*

QUE ledit ſieur de la Bouque & ledit ſieur le Maître ſeront tenus, chacun en droit ſoi, de ſe clorre de foſſez, & de ſe borner entre leurs Héritages & ladite Foreſt, ainſi qu'il ſera ci-après preſcrit par nôtre Réglement genéral.

### *Triage du Chêne-Cendreux.*

QUE leſdits ſieur le Maître, Nicolas Harel, Héritiers Romain Laboiſſiere, ſieur du Lonbrun, Jean Vitrel, Héritiers Romain Laboiſſiere & ledit ſieur Curé d'Aiſier ſeront tenus, chacun en droit ſoi, de ſe clorre de foſſez, & de ſe borner entre leurs Héritages & ladite Foreſt, ainſi qu'il ſera ci-après preſcrit par nôtre Réglement genéral.

Avons maintenu ledit ſieur de la Londe en poſſeſſion & joüiſſance du petit Canton de terrain en Pepiniere & place vague, étant entre ladite Foreſt de Brotonne & la Maſure de ſa Ferme, contenant, ſuivant l'Arpentage qui en a été fait, ſoixante & dix perches; parce que néanmoins les anciennes bornes tombées dans les foſſez, ſeront replacées ſur la crête d'iceux du côté de la Foreſt, & que ledit ſieur de la Londe ſera tenu de ſe clorre de foſſez entre ladite place vague, ſes autres Héritages & ladite Foreſt, ſuivant l'alignement qui lui en ſera donné, & de fournir en outre la quantité de bornes néceſſaires au bornage, ainſi qu'il ſera preſcrit par nôtre Réglement général.

Que leſdits Loüis Puval, veuve Calais, Héritiers Goharel, André Aubert, Antoine Puval, Pierre Racher, Charles Marie, veuve Langlois, Madeleine Cretot, Jacques Quetil, Felix Caſſin, Jean Theroulde, Richard Choquet, Antoine Joüan, François Duboſc, Religieux de l'Abaïe de Feſcamp, Demoiſelle Olivier & ledit ſieur Curé d'Aiſier ſeront tenus, chacun en droit ſoi, de ſe clorre de foſſez, & de ſe borner entre leurs Héritages & ladite Foreſt, ainſi qu'il ſera ci-après preſcrit par nôtre Réglement general.

## *GARDE DE LA COUTUME,*

### *Triage de la Haye-d'Aiſier.*

Que leſdits Nicolas Leſourd, nommé Hebert, Héritiers Robert Bonſans, François Leboulardier, ſieur de la Boiſſiere Curé, Charles Coquin, Elie Coquin, Etienne Lucas, Guillaume Cretien, ledit Leboulardier, veuve Jean Caſtel, Jean-Baptiſte Deſbarres, ledit Leboulardier, Nicolas Hibert, ledit Charles Coquin, Héritiers Bonſans, Adrien Marette repreſentant Jacques & Noël Lemoine, veuve Choignet, Marin Dumontier, Pierre Dumontier, Jean Rouſſel, Michel Rouſſel, ledit Marette, Jacques Meiller, Antoine Guerbot & ledit Jean Lecordier ſeront tenus, chacun en droit ſoi, de ſe clorre de foſſez, & de ſe borner entre leurs Héritages & ladite Foreſt, ainſi qu'il ſera ci-après preſcrit par nôtre Réglement genéral.

*Triage du Hêtre-Fée.*

POINT de Riverains.

*Triage du Poteau.*

QUE leſdites Communes de Vatteville ſeront tenuës de ſe clorre de foſſez, & de ſe borner entre leurs Héritages & ladite Foreſt, ainſi qu'il ſera ci-après preſcrit par nôtre Réglement genéral.

*Triage des Côtes du Roulle.*

QUE leſdits Communes de Vatteville, ſieur Duc d'Harçourt, François Lebarbier, Guillaume Cretien, Jacques Lefévre, ſieur Baſpré, Guillaume Cretien, François Lebarbier, Robert Goharel & ladite veuve Bonſans ſeront tenus, chacun en droit ſoi, de ſe clorre de foſſez, & de ſe borner entre leurs Héritages & ladite Foreſt, ainſi qu'il ſera ci-après preſcrit par nôtre Réglement genéral.

## GARDE DES LANDES.

*Triage de Marre-Senſurette.*

POINT de Riverains.

### *Triage de l'Hermitage.*

QUE leſdits Religieux de l'Abaïe de Preaux & ledit ſieur Duc d'Harcourt ſeront tenus, chacun en droit ſoi, de ſe clorre de foſſez, & de ſe borner entre leurs Héritages & ladite Foreſt, ainſi qu'il ſera ci-après preſcrit par nôtre Réglement general.

### *Triage de Marre-Tonne.*

QUE leſdits ſieur Duc d'Harcourt, Héritiers Jean Laiſné, Nicolas Hebert, ſieur Baſpré, Jean Tuvache, Thomas Auger & leſdites Communes de Vatteville ſeront tenus, chacun en droit ſoi, de ſe clorre de foſſez, & de ſe borner entre leurs Héritages & ladite Foreſt, ainſi qu'il ſera ci-après preſcrit par nôtre Réglement general.

## *GARDE DE LA HAYE-DU-MORT,*

### *Triage du Fond-du-Val.*

QUE leſdits Communes de Vatteville, ſieur du Hannoy, Marin Hebert, Nicolas Lemercier, Antoine Braſſeur, Jean Delahaye, ledit Nicolas Hebert, ledit Marin Hebert, ledit Nicolas Hebert, Marguerite Delonguemare, ſieur du Caſtelier, Guillaume Eſmot, Jean Maucretien, nommé Delaruë, Ambroiſe Longuemare, Héritiers Jacques Meſnil, Héritiers Antoine Queval, Marin Cornier, ſieur Colleaux, ſieur de Chambellan, Charité de Vatteville, ſieur le Maſier, ledit Marin Hebert, Jacques Delonguemare, Nicolas Talon, Héritiers Robert Longuemare, Antoine Doré, ſieur Regnier,

Jacques Deliſle, Treſor de Vatteville, ſieur Premont, Etienne Buhot, ſieur de Bellegarde, Pierre Hautement, leſdits Héritiers Doré, Jacques Laumonier, ledit ſieur Duc d'Harcourt, ledit ſieur Colleaux, Felix Gentil, Jacques Cauchois, Loüis Marais, Charles Marais, Jacques Marais, Jacques Scolot, Loüis Herpin, Jean Levitre, Robert Hamelin, veuve Cauchois, ledit ſieur Colleaux, Pierre Ledoux, Pierre Delaruë, Anne Delonguemare, Héritiers Ambroiſe Lemonnier, Charles Reigner, ledit Hautement, ledit Robert Hamelin, ledit ſieur Duc d'Harcourt, Michel Chambellan, Dame Fleury, Loüis Lefévre, Alexandre Chambellan, ladite Dame Fleury, nommé Robert & leſdites Communes de Bliquetuit ſeront tenus, chacun en droit ſoi, de ſe clorre de foſſez, & de ſe borner entre leurs Héritages & ladite Foreſt, ainſi qu'il ſera ci-après preſcrit par nôtre Réglement general.

*Triage du Gros-Hêtre.*

QUE leſdits Communes de Bliquetuit, ſieur Duc d'Harcourt, ſieur Maillet, Jean Cauvin, Jean Fréville, Jean Laiſné & ledit ſieur Duc d'Harcourt ſeront tenus, chacun en droit ſoi, de ſe clorre de foſſez, & de ſe borner entre leurs Héritages & ladite Foreſt, ainſi qu'il ſera ci-après preſcrit par nôtre Réglement general.

Tous les ci-deſſus nommez Propriétaires d'Héritages riverains deſdites Forêts du Trait, de Maulévrier, de Brotonne & des Bois Taillis de Gravençon, ſuſdites Gardes & Triages.

FAIT à Roüen, par Nouſdits Commiſſaires-Réformateurs Generaux, conformément aux Jugemens par Nous rendus, pendant le cours de ladite Réformation, depuis le

21. Juillet 1735. juſqu'à cejourd'hui vingt-troiſiéme jour de Juillet mil ſept cens trente-neuf.

Signez, DURAND DE MISSY, DE SAVARY, LE PAIGE, CHERET, & GALLOIS DE MAQUERVILLE, avec paraphes.

*Collationné.* Signé, COUSIN DE VINVAL.



RE'GLEMENS

# RÉGLEMENS GENERAUX ET PARTICULIERS DE RÉFORMATION,

## POUR les Maîtrises des Eaux & Forêts de Roüen & Caudebec, Département de Roüen,

*Faits par Messieurs* PIERRE-AUGUSTIN DURAND *Chevalier, Seigneur* DE MISSY, *Conseiller du Roy en ses Conseils, & son Procureur General au Parlement de Normandie;* LOUIS-ALEXANDRE DE SAVARY *Chevalier, Conseiller du Roy en ses Conseils, Grand-Maître des Eaux & Forêts de France, au Département de Roüen;* PIERRE-ALEXANDRE LE PAIGE *Chevalier, Seigneur du Portpinché, Lieutenant Particulier au Bailliage & Siege Présidial de Roüen; &* CHARLES-ANTOINE CHERET, *Conseiller du Roy, & son Procureur en la Maîtrise des Eaux & Forêts de Paris, Commissaires Generaux de ladite Réformation; ce requerant M.* JEAN-LOUIS-GASPARD GALLOIS DE MAQUERVILLE *Ecuïer, Conseiller-Avocat du Roy aux Requêtes, Substitut au Parlement de Normandie, Inspecteur general des Bois de la Ville & Generalité de Roüen, & Procureur Genéral en icelle.*

Du 23. Juillet 1739.

NOUSDITS Commissaires-Generaux-Réformateurs, après avoir déliberé nos Procès verbaux de Visites, les Procédures qui ont été tenuës, & les Observations par Nous faites, pendant le cours de la presente Réformation; avons trouvé nécessaire aux intérêts & au bien du service de Sa Majesté, de faire les Réglemens qui suivent, en vertu du pouvoir à Nous atribué, par Lettres Patentes de Sa Majesté, du 17. Mai 1735. qui Nous auroit deputez à cet éfet: Et en conséquence,

## ARTICLE PREMIER.

Arpentage du Terrain réüni.

ORDONNONS qu'il sera incessamment procédé par l'Arpenteur de la Réformation, à l'Arpentage des Terres, Larris, Taillis & Lisieres réünis par nos Jugemens, aux Forêts de Sa Majesté; & que les quantitez & Figures en seront ajoûtées aux Plans & Procès verbaux d'Arpentage ci-devant faits desdites Forêts, par ledit Arpenteur, avec distinction des Terres vaines & vagues qu'il conviendroit repeupler & regarnir, si Sa Majesté le juge à propos.

II.

Lisieres sur la crête des Fossez, déclarées au Roy.

DE'CLARONS tous les Arbres & Excroissances sur la crête des Fossez, du côté des Forêts, faire partie d'icelles, & être du Domaine de Sa Majesté.

III.

RENOUVELANT en tant que besoin seroit, le Jugement de la Réformation de 1668. faisons défenses à tous Riverains desdites Forêts, de quelque qualité & condition qu'ils puissent être, de faire couper aucun Arbre ou Excroissance sur les crêtes des Fossez, sous quelque prétexte que ce soit, & sous les peines & Amendes portées par l'Ordonnance des Eaux & Forêts, du mois d'Aoust 1669.

IV.

FAISONS pareilles défenses aux Oficiers desdites Maîtrises, d'en donner congé ou permission, à peine d'interdiction, & d'être responsables des Amendes au cas apartenant.

V.

POURONT néanmoins les Riverains diſpoſer des Arbres, Bois & Excroiſſances, étans de l'autre côté deſdits Foſſez, & ſur les fonds qui leur apartiennent, en obſervant les formalitez de ladite Ordonnance de *1669.* & ce, après les Foſſez bien & düëment faits, & à la charge de les réparer & rafraîchir lors deſdites Coupes, dont ſera dreſſé Procès verbal ſans frais, par le Garde-Marteau, lors de ſes Viſites, & icelui déposé au Gréfe.

V I.

ORDONNONS que dans l'alignement des Foſſez, tous les Arbres de Liſiere réünis ſur les Riverains dénommez en nos Jugemens particuliers d'iceux, ſeront renfermez dans la Foreſt, par les nouveaux Foſſez qu'il conviendra faire ou rafraîchir, en ſorte que le rejet des terres en provenant, ſoit fait du côté deſdits Arbres, pour former la crête deſdits foſſez ſur la Foreſt.

V I I.

Liſieres de Taillis de particuliers.

POUR diſtinguer les Bois & Liſieres des Particuliers, aux rives deſdites Forêts, de ceux apartenans à Sa Majeſté, ne pouront les Propriétaires leur laiſſer ateindre plus de dix ans, auquel âge leur enjoignons d'en faire faire la coupe, à peine de réünion : Seront néanmoins tenus de faire la réſerve des Baliveaux ſur leurs Taillis, & ne pouront en diſpoſer qu'en ſe conformant à l'Ordonnance.

V I I I.

Bornes.

COMME il eſt eſſentiel pour la conſervation des Forêts de Sa Majeſté, que leurs limites & ſéparations d'avec les Riverains d'icelles, ſoient ſi bien marquées qu'ils ne puiſſent à l'avenir uſurper ni anticiper ſur leſdites Forêts ; Nous ordonnons qu'il ſera inceſſamment pris par l'Arpenteur de la Réformation, les meſures & alignemens, tant de reconnoiſſance des Bornes anciennement placées, en exécution des Réglemens des précédentes Réformations, que pour le placement par augmentation des Bornes néceſſaires à la fixation des limites deſdites Forêts ; leſquelles Bornes ſeront plantées ſur la crête des Foſſez deſdites Forêts, à tous les angles rentrans & ſortans de la Foreſt, & ſeront plantées des Parvoïes ſur les lignes droites de trop longue portée.

I X.

LORS dudit alignement, l'Arpenteur fera planter des pieux, & faire des trous aux endroits qu'il déſignera pour le placement deſdites Bornes ; il dreſſera enſuite un Etat de la quantité que chaque Riverain dévra en fournir : cet Etat ſera dépoſé aux Gréfes deſdites Maîtriſes, & Expédition d'icelui delivrée aux Procureurs du Roy, pour chacun à leur égard en faire ſignifier des Extraits aux Riverains dénommez auſdits Etats, & iceux ſommer, chacun en droit ſoi, de faire tranſporter dans un delai compétent, la quantité de Bornes qui leur ſera preſcrite.

X.

CHAQUE Riverain ſera tenu après la ſommation qui lui en aura été faite, & dans le terme y porté, de faire tranſporter entre la Foreſt & ſes Heritages, la quantité de Bornes ordonnée, aux endroits & proche des trous & pieux déſignez, pour leur placement être fait avec tuilot & charbon, pour témoins.

X I.

TOUTES les Bornes ſeront quarrées, de grez ou pierre dure, d'un même échantillon, de trois pieds de hauteur, ſur ſix pouces de diamétre par haut & de huit par bas.

X I I.

LES Gardes des Forêts veilleront chacun en leur Canton, à ce que les Bornes ſoient fournies dans le tems fixé ; & icelui paſſé dreſſeront Procès verbal de ceux qui auront négligé d'y ſatisfaire, pour auſſi-tôt après la remiſe d'icelui au Gréfe, y être pourvû ſans retardement ni nouvelle Procédure, à la diligence du Procureur du Roy, & aux frais & dépens de ceux qui auront négligé de fournir leſdites Bornes, dont Exécutoire ſera à l'inſtant delivré contr'eux.

XIII.

TOUT ainſi diſpoſé ſera pris jour par les Oficiers des Maîtriſes de Roüen & Caudebec, que Nous commettons & ſubdéléguons, chacun dans l'étenduë de ſa Juriſdiction, pour procéder, tant à la reconnoiſſance des anciennes Bornes, qu'au placement des nouvelles, les Riverains préalablement ſommez d'y être preſens, ſi bon leur ſemble, au jour qui leur ſera indiqué; & ſera en preſence deſdits Oficiers, Procureur du Roy & Parties, ou elles dûëment apellées, procédé par ledit Arpenteur audit bornage, duquel ſera dreſſé Procès verbal, contenant le nom du Riverain joignant la Foreſt, & déſignation faite des angles, lignes, & la quantité de perches & pieds de diſtance d'une Borne à l'autre, leſquelles diſtances & figures ſeront pareillement cotées par ledit Arpenteur, ſur les Plans deſdites Forêts; & ſeront leſdits Procès verbaux & Plans dépoſez au Gréfe de la Réformation, & Copies & Expéditions d'iceux remiſes au Gréfe de chacune deſdites Maîtriſes, pour ce qui les concerne.

XIV.

LE bornage achevé l'Arpenteur tirera de Borne en Borne, l'alignement des rives des Forêts deſdites Maîtriſes, dont il mettra ſon Procès verbal au Gréfe; & ſeront delivrez des Extraits dudit Procès verbal aux Riverains deſdites Forêts, leſquels ſeront tenus, chacun en droit ſoi, de faire des Foſſez neufs, ou rafraîchir & rétablir les anciens qui ſe trouveront dans ledit alignement. Foſſez.

X V.

Tous les Foſſez ordonnez ſeront pris ſur le terrain des Propriétaires riverains, & ſeront faits des largeur & profondeur preſcrites par l'Article IV. du Titre de la Police, de l'Ordonnance des Eaux & Forêts, du mois d'Aouſt *1669.* & entretenus par la ſuite dans ledit état, aux frais deſdits Riverains : Sera la terre provenant deſdits Foſſez, jettée du côté de la Foreſt, en ſorte que la crête d'iceux ſoit toûjours du côté de ladite Foreſt, ſous peine d'être leſdits Foſſez rétablis aux frais & dépens des contrevenans.

X V I.

Quinzaine après la ſignification des Extraits ci-deſſus, les Riverains deſdites Forêts ſeront tenus de mettre des Ouvriers aux Foſſez qui leur auront été ordonnez, & de les faire & parfaire dans trois mois pour tout delai ; paſſé lequel tems, & ſans qu'il ſoit beſoin de nouvelle ſignification, enjoignons aux Procureurs du Roy, d'y mettre des Ouvriers, aux frais & dépens des Riverains qui n'y auront pas ſatisfait, & ſeront leſdits Ouvriers païez ſuivant la taxe qui leur en ſera faite par leſdits Oficiers ; à quoi les Riverains ſeront contraints même par ſaiſie de leurs Terres & Heritages.

X V I I.

Les Propriétaires d'Heritages riverains deſdites Forêts, qui n'entretiendront pas dans la ſuite leurs Foſſez de ſéparations en bon état, & ſans Bréches ou paſſages, ſeront reſponſables & condamnez aux Amendes, pour les délits & abroutiſſemens reconnus le long d'iceux, & à diſtance de cinquante perches dans la Foreſt ; & ſeront leſdites Amendes païées proviſoirement, nonobſtant toutes opoſitions ou apel de la Sentence qui les aura prononcées.

X V I I I.

Les Ajudicataires des Ventes qui ſe trouveront le long

des Chemins Roïaux dans les Forêts, seront tenus à leurs frais, conformément aux Arrêts du Conseil & Lettres Patentes, des 8. & 27. Janvier 1718. de rétablir, même faire à neuf les Fossez de séparation desdits Chemins d'avec la Forest, des largeur & profondeur prescrites par l'Ordonnance de 1669.

XIX.

Barrieres; fausses Sentes.

SERONT toutes les Barrieres ouvrantes sur la Forest suprimées; défenses de les rétablir, sous quelque prétexte que ce soit, à peine de cinq cens livres d'Amende contre les contrevenans.

XX.

TOUTES Bréches & fausses Sentes seront fermées; défenses de les rétablir, sous peine d'être les contrevenans poursuivis extraordinairement, & d'être iceux punis ainsi qu'il apartiendra.

XXI.

Assiétes des Ventes.

ORDONNONS que les Assiétes des Ventes se feront de proche en proche, & toûjours à la suite de la Vente derniere usée, sur une même ligne droite, à commencer par les Bois les plus âgez, & sans aucune interruption, sous quelque prétexte que ce soit, & à quelqu'âge que se trouve le Bois, lorsque l'Assiéte s'en fera.

XXII.

Lisieres des Ventes.

RENOUVELANS en tant que besoin seroit, les Ordonnances & Réglemens de Réformation, concernans les trois pieds de Lisiere, pour la conservation des limites des Forêts du Roy; Nous ordonnons que lors de l'Assiéte des Ventes situées sur les rives d'icelles, ainsi que de celles qui se trouveront le long des grands Chemins esdites Forêts, il sera réservé trois pieds de Lisiere sur la crête des fossez, en la forme qui sera ci-après prescrite, aux Articles de nôtre present Réglement, concernant les Assiétes.

XXIII.

ORDONNONS qu'aussi-tôt l'enregistrement & dépost du Mandement d'Assiéte, il en sera delivré une Expédition à l'Arpenteur, lequel en conformité tirera ses lignes, & fera le Mesurage des Ventes y désignées. Ce fait, il sera par les Oficiers, l'Arpenteur present, procédé à l'Assiéte, & la Vente arrêtée & close entre ses pieds-corniers, parois & autres Arbres nécessaires à la clôture d'icelle, lesquels seront marquez du Marteau du Roy, & de celui de l'Arpenteur, dont sera dressé Procès verbal, signé des Oficiers & de l'Arpenteur; & sera la figure de la Vente & position des Arbres de clôture d'icelle, annexée audit Procès verbal; & à l'instant sera sur la même Vente, & avant de passer à une autre, procédé au Martelage des Baliveaux à réserver, dont le Procès verbal sera dressé, mis & signé ensuite de celui d'Assiéte.

XXIV.

Rétention des trois pieds de Lisiere.

LORSQUE les Ventes par leur situation seront sujettes à la rétention de trois pieds de Lisiere, l'Arpenteur sera tenu d'en faire l'alignement, & seront tous les Arbres, dans la ligne de séparation desdits trois pieds du surplus de la Vente, marquez tant du Marteau du Roy que de celui de l'Arpenteur, & le nombre desdits Arbres sera emploïé sur le Procès verbal de Martelage, à ce que les Ajudicataires n'en ignorent, & n'aïent à outrepasser la ligne; & seront, en cas de contravention, sujets aux Amendes prescrites par l'Ordonnance, pour les Arbres de réserve abatus; laquelle Amende sera la même, tant pour les Arbres aïans l'Empreinte du Marteau, que pour ceux n'aïans ladite Empreinte, qui seroient abatus au-delà de la ligne de séparation, sans aucune distinction.

XXV.

DANS les Ventes où il ne se trouveroit d'Arbres à réserver, dans les trois pieds de Lisiere, en sera fait mention dans le Procès verbal.

XXVI.

XXVI.

SERA par le Cahier des charges, fait défenses expresses aux Ajudicataires, de couper dans ledit espace de trois pieds, les recrûs le long des Fossez & Routes servans de limites, sous peine d'Amende arbitraire.

XXVII.

S'IL arrivoit qu'un Hêtre ou Chêne étant dans l'alignement de la Lisiere, eût plusieurs bras, dont quelques-uns excédassent la ligne, faisons défenses aux Ajudicataires d'en faire sur ce prétexte l'abatis, sous les mêmes peines que s'ils eussent abatu l'Arbre en son entier.

XXVIII.

Cahier des Charges.

LE Cahier des charges qui sera dressé pour les Ajudications, contiendra d'abord la date du Mandement d'Assiéte, & distinctement les Ventes assises, par quantité d'Arpens & Perches, le nombre des Baliveaux réservez sur chacune, les Pieds-corniers, Parois & autres Arbres de clôture; les Arbres de trois pieds de Lisieres, ou le nombre de ceux marquez pour servir d'alignement, avec des défenses de les outre-passer; le tout, conformément aux Réserves qui auront été faites lors des Assiétes & Martelages, dont les Procès verbaux seront datez dans le Cahier des charges.

XXIX.

SERA fait mention que toutes les Ventes à ajuger, ont été mesurées à douze pouces pour pied, vingt-deux pieds pour perche, & cent perches pour Arpent, suivant les Mesurages & Figures déposées au Gréfe par l'Arpenteur.

XXX.

QUE les Ajudicataires seront responsables, tant des Délits commis en leurs Ventes qu'aux Oüies d'icelles, faute de Procès verbaux de leurs Facteurs ou Gardes-Ventes, rendus dans la forme, & dans le tems que les Délits auront été commis, pour mettre en état de pourſuivre les délinquans, s'ils ſont connus, & l'Ajudicataire d'obtenir ſa décharge, lequel ſera tenu de la pourſuivre à l'Audience ſuivante du Procès verbal dépoſé, & ſans que les Oficiers puiſſent avoir égard aux Procès verbaux rendus lors & après les Récolemens, à moins que les Délits ne fuſſent par eux-mêmes reconnus récens, & comme tels portez au Procès verbal de Récolement.

XXXI.

SERA auſſi inſeré audit Cahier des charges, ce que l'Ajudicataire ſera tenu d'obſerver, pour la Preſtation de Serment de ſes Facteurs ou Gardes-Ventes, la forme de leurs Regiſtres pour chaque Vente, & dépoſition de l'Empreinte de leur Marteau au Gréfe; que faute par leſdits Ajudicataires de remplir les formalitez de l'Ordonnance, les Procès verbaux des Facteurs ſeront déclarez nuls, & les Délits demeureront à la charge des Ajudicataires.

XXXII.

QUE l'Ajudicataire ne poura commencer l'Uſance de ſa Vente, qu'il n'ait obſervé les formalitez ci-deſſus, & qu'il ne ſoit porteur de ſon Ajudication, de l'Extrait du Procès verbal d'Aſſiéte & Martelage qui le concerne, & de l'Acte de Récéption de Caution & Certificateur, expédiez en forme, & ſignez du Gréfier, dont ledit Ajudicataire fera aparoir aux Garde-Marteau & Garde du Canton, ainſi qu'il eſt preſcrit par ladite Ordonnance de 1669.

XXXIII.

QUE l'Ajudicataire fournira une Expédition de ſon Ajudication au Sieur Grand-Maître, une au Receveur Genéral avant l'exploitation; le païement deſquelles Expéditions ſera modérément taxé au Gréfier, par le Cahier des charges.

XXXIV.

SERONT fixez les tems de Coupe & de Vuide; & à leur

expiration il ſera dans les delais de l'Ordonnance, procédé aux Récolemens, & les Bois trouvez pour lors giſſans ou debout dans les Ventes, ſeront à l'inſtant ſaiſis & confiſquez au profit du Roy.

XXXV.

LES termes de païement, tant du prix principal que du Sol & quatorze deniers pour livre, ſeront pareillement portez au Cahier des charges.

XXXVI.

ENSUITE de toutes les Charges ci-deſſus, ſeront inſérées les Clauſes ſpéciales pour l'aménagement des Bois & le bien du Service, leſquelles pouroient concerner quelques Ventes en particulier.

XXXVII.

CET Acte ſera terminé par la Clauſe, qu'outre les Charges y exprimées, les Ajudicataires ſeront tenus d'obſerver dans leur exploitation, ce qui eſt preſcrit aux Titres des Aſſiétes & Récolemens, de ladite Ordonnance de 1669.

XXXVIII.

SERA ledit Cahier des charges ainſi dreſſé, arrêté & ſigné la veille de l'Ajudication, depoſé au Gréfe, pour en être pris communication par les Marchands, ſi bon leur ſemble; & avant de procéder à l'Ajudication, en ſera fait lecture en entier, en pleine Audience, à ce que perſonne n'en ignore.

XXXIX.

ENJOIGNONS aux Procureurs du Roy en chacune deſdites Maîtriſes, d'obſerver la forme preſcrite par l'Ordonnance de 1669. pour les Afiches & Publications des Ventes, & de remettre au Gréfe les Procès verbaux des Gardes, & Certificats des Curez ou Vicaires qui en auront fait la publication, leſquels ſeront au bas des Originaux des Afiches. Ajudications.

XL.

Leur sera donné acte des diligences, & de la remise desdites Afiches, ensuite du Cahier des charges, sur lequel seront pareillement transcrits les noms des Villes & Villages, où lesdites publications auront été faites & lesdites Afiches aposées, la date des jours, & les noms des Gardes qui en auront raporté Procès verbal.

XLI.

Ce fait les Ventes seront publiées séparément, les Enchéres reçûës, les noms, domicile & ofres de l'Enchérisseur, écrites de suite, suivant qu'elles auront été faites; faisons défenses de porter les sommes en chifre: Les trois feux éteints, & chaque Ajudication achevée, elle sera à l'instant signée de l'Ajudicataire & des Juges.

XLII.

Expéditions des Ajudications.

Ordonnons que les Expéditions d'Ajudications contiendront Copie entiére du Cahier des charges, & des articles des Ventes concernant l'Ajudicataire: Lesdites Expéditions seront collationnées sur les Minutes d'icelles, expédiées en Papier, & signées seulement du Gréfier de la Maîtrise; Lui faisons défenses d'en expédier aucune en Parchemin & dans une autre forme, & aux Garde-Marteau & Gardes, d'en reconnoître d'autres; ce qui sera pareillement observé pour les Extraits des Procès verbaux d'Assiétes, Martelages & Actes de Reception des Cautions, qui seront delivrez aux Ajudicataires.

Faisons pareillement défenses au Gréfier, à peine de concussion, d'exiger pour ses Expéditions, plus grandes sommes que celles qui lui auront été taxées par le Cahier des charges.

XLIII.

Entrées & Sorties.

Ne seront, sous quelque prétexte que ce puisse être, païez autres droits aux Oficiers desdites Maîtrises, par les Ajudicataires des Bois du Roy, que ceux d'Entrées & Sorties fixez par l'Arrest du Conseil, du 11. Mai 1688. à raison de trois livres par Arpent de Vente ordinaire de Fûraïe, & de quarante sols par Arpent de Vente de Recépage de Taillis, lesquels droits continuëront d'être païez par les Ajudicataires, dans les termes & ainsi qu'il est porté par ledit Arrest du Conseil.

XLIV.

Registre des Facteurs.

Les Facteurs & Gardes-Ventes, avant de pouvoir rendre aucuns Procès verbaux à leur décharge & à celle des Ajudicataires, des Délits commis dans leurs Ventes, Oüies & Réponses d'icelles, même de poursuivre le païement des livraisons de Bois par eux faites esdites Ventes; seront tenus d'avoir un Registre bien & dûëment relié, coté & paraphé du Maître Particulier, par premier & dernier feüillet, sur lequel l'Empreinte du Marteau du Marchand sera consignée, & une pareille mise sur le Registre des Bois du Roy, avec acte au Facteur, de la date du jour que son Registre aura été paraphé. Les Registres des Facteurs seront par eux écrits de suite, sans laisser aucun blanc, ratures ni interlignes, & contiendront la quantité des livraisons de Bois, les noms des Personnes ausquelles elles auront été faites, les Procès verbaux des Délits par eux reconnus, dont ils delivreront Copie signée d'eux, qu'ils seront tenus d'afirmer, avec les mêmes formalitez à observer pour les Gardes; & après collation faite par le Gréfier du Procès verbal déposé avec le Registre du Facteur, sera écrit en marge dudit Registre & au bas dudit Procès verbal, la date de la remise d'icelui; ce qui sera signé sur ledit Registre & Procès verbal, par le Gréfier & le Facteur, sous peine de nullité, & en sera delivré Expédition au Procureur du Roy, lequel fera à sa requête les diligences nécessaires contre les délinquans.

XLV.

Etiquettes

Tous les Bois façonnez dans les Ventes seront marquez

& Marques des Bois façonnez.

du Marteau du Marchand ; & lors de la livraison desdits Bois seront delivrées aux Particuliers des Etiquettes, contenant les noms de ceux qui les auront reçûs, la qualité & quantité des Bois ; & sera fait mention sur ledit Regiſtre, que l'Etiquette a été delivrée, & le Bois marqué du Marteau.

XLVI.

ORDONNONS aux Gardes ou autres Préposez à la Visite des Bois, entrans dans les Villes, Bourgs & autres lieux, d'arrêter & saisir les Bois qui ne seront marquez du Marteau du Marchand-Ajudicataire, ensemble les harnois & bêtes de somme, même sur la representation des Etiquettes, lorsque ledit Bois ne sera marqué, dont ils rendront sur le champ Procès verbal, pour être à la diligence du Procureur du Roy, prononcé sur l'Amende & confiscation desdits Bois, harnois & bêtes de somme, au premier jour d'Audience.

XLVII.

Ecorce sur pied.

POUR remédier à l'usage abusif introduit par les Ajudicataires, de laisser des Arbres sur pied après le tems de coupe expiré, dont au dépérissement des Bois ils tirent l'Ecorce encore au tems de séve ; faisons défenses ausdits Ajudicataires, de prolonger le tems de coupe, sous quelque prétexte que ce soit, & de faire de l'Ecorce sur pied, à peine de confiscation des Bois & Ecorce, & d'Amende de cinq cens livres, conformément à l'Article XXVIII. Titre de la Police des Forêts, de l'Ordonnance de 1669. & aux Oficiers de soufrir & tolérer un semblable abus, à peine d'en répondre, & d'être susceptibles des mêmes Amendes que les Ajudicataires.

XLVIII.

Tems de vuide des Ventes.

NE pouront pareillement les Ajudicataires prolonger la vuide des Ventes, que conformément à l'Article XLI. du Titre des Assiétes, de ladite Ordonnance : Enjoignons ausdits Oficiers, lors des Récolemens, de saisir sur le champ les Bois gissans ou de bout, même les Loges des Gardes des Ventes, qui s'y trouveront lors des Récolemens, & de les confisquer lors du Jugement d'iceux.

XLIX.

Les Oficiers & Gardes desdites Maîtrises veilleront à ce qu'il ne soit fait aucuns trous, ni tiré de Sable & Argile dans les Forêts, sans permission préalablement déposée & registrée au Gréfe; & au cas de permission pour cause légitime, désigneront les Cantons non dommageables, laquelle désignation sera registrée; avec défenses aux Particuliers aïans permission, de s'en écarter, sur les peines & Amendes de l'Ordonnance, Arrêts depuis intervenus, & d'être privez de l'éfet de leur permission. Sable & Argile.

L.

Ordonnons que les Fours à Chaux établis dedans ou proche desdites Forêts, seront incessamment détruits; faisons défenses à toutes personnes d'en établir de nouveaux, sous les peines portées par ladite Ordonnance de 1669. Fours à Chaux.

L I.

Ne pouront aucuns Particuliers, Seigneurs, Habitans ou Communautez, prétendre aucuns droits d'Usage, Pâturage ou Panage, qu'ils ne soient emploïez dans l'Etat du Roy, arrêté au Conseil en 1673. ou maintenus par des Arrêts particuliers, dont ils feront aparoir, pour être registrez au Gréfe, après en avoir obtenu l'Atache du Sieur Grand-Maître; de tous lesquels Usagers sera fait un Rôle. Usagers.

L I I.

Faisons défenses ausdits Usagers de mettre dans les Forêts, un plus grand nombre de Bestiaux, que celui qui leur aura été acordé, à peine d'être les contrevenans privez du droit de Pâturage & Panage, sans retour: Ne pouront les Bestiaux être envoïez à la Forest, qu'après les formalitez de l'Ordonnance exactement observées.

L I I I.

Les Cantons de Bois déſignez aux Uſagers, ne ſeront déclarez détenſables, qu'ils n'aïent au moins ateint l'âge de cinquante ans, cet âge étant néceſſaire pour la conſervation du recrû du Hêtre.

L I V.

Les Beſtiaux qui ſe trouveront divaguer hors leſdits Cantons, ſeront confiſquez ; & où ils ne pouroient l'être, les Propriétaires d'iceux condamnez aux Amendes comme délinquans.

L V.

Enjoignons aux Oficiers deſdites Maîtriſes, d'y tenir exactement la main, & au Procureur du Roy, de faire aſſigner aux Aſſiſes, les Uſagers dont ſera fait apel, leſquels ſeront tenus d'y comparoir, ſous peine de perdre leur droit d'Uſage, pendant l'année qu'ils auront été défaillans, à moins d'excuſe légitime & motivée ; leur ſera fait lecture aux Aſſiſes, des Articles de l'Ordonnance & Réglemens concernans les droits d'Uſage, à ce qu'ils n'en ignorent, & aïent à s'y conformer, ſous les peines y portées, leſquelles ne pouront être remiſes ni modérées par leſdits Oficiers, qui en demeureroient en ce cas reſponſables.

L V I.

Maſures. Ordonnons que tous Particuliers Habitans de Maſures aux rives des Forêts de Sa Majeſté, Ouvriers en bois, ou autres dont la Profeſſion demande conſommation de Bois, & qui ſont dans le cas de la prohibition portée en l'Article XXIII. du Titre de la Police, de l'Ordonnance de 1669. ſeront tenus de quiter inceſſamment leſdites Maſures, & de ſe retirer à demilieuë au moins des rives deſdites Forêts ; leur faiſons défenſes de s'y établir à l'avenir, ſous les peines portées par ladite Ordonnance, & autres qu'il apartiendra : Faiſons pareilles défenſes aux Propriétaires deſdites Maſures, qui ſeroient deſdites Profeſfeſſions, de les habiter par eux-mêmes, & à tous autres, de les loüer ni fiéfer à gens dans le cas de la prohibition, ſous leſdites peines, & en outre de la démolition des Bâtimens & Maſures, confiſcation des matériaux au profit de Sa Majeſté, ſans que leſdites Maſures démolies puiſſent être à l'avenir rétablies ni rédifiées.

LVII.

Et à l'égard de ceux, ſoit Propriétaires ou Locataires de Maſures, reconnus notoirement délinquans, ils ſeront chaſſez d'icelles, & les Maſures des Propriétaires délinquans démolies, & les matériaux en provenans confiſquez, avec déffenſes de les rétablir à l'avenir.

Enjoignons aux Procureurs du Roy, de faire inceſſamment leurs diligences pour l'exécution du Preſent, & aux Oficiers d'y tenir ſoigneuſement la main, ſous peine d'être reſponſables des Délits qu'une pareille négligence pouroit perpetuer.

LVIII.

Bois des particuliers.

Seront tenus leſdits Oficiers dans l'exercice de la Police ſur les Bois des Particuliers, de ſe conformer à ladite Ordonnance de 1669. & aux Arrêts du Conſeil, des 19. Février 1709. & 8. Janvier 1715. concernans les Congez obtenus de Sa Majeſté par les Particuliers, pour la coupe de leurs Bois, & d'en faire l'enregiſtrement ſans frais, ſous les peines portées auſdits Arrêts.

LIX.

Bois des Ecléſiaſtiques.

Enjoignons pareillement auſdits Oficiers de faire exécuter ladite Ordonnance de 1669. & autres Réglemens concernans les Bois des Ecléſiaſtiques, Communautez & Gens de Main-morte, d'y faire les Viſites ordonnées, & de punir par Amendes ou autres condamnations, les Délits & abus qu'ils y trouveront, deſquels il ſera dreſſé des Procès verbaux, pour arrêter les desordres qui pouroient s'y être introduits, par l'inexécution des Ordonnances.

## L X.

Pêche.

PERSONNE ne poura exercer la Pêche sur les Riviéres desdites Maîtrises, qu'il n'ait été reçû Maître Pêcheur par les Oficiers d'icelle ; & aucun ne poura se servir d'autres Filets que ceux permis, & scellez en plomb du Sceau de la Maîtrise, sous les peines de ladite Ordonnance de 1669.

Et pour l'exacte observation de cet Article, le Procureur du Roy sera tenu de faire assigner aux Assises, tous les Pêcheurs, dont sera fait apel, & ensuite par le Gréfier lecture du Titre de la Pêche, à ce qu'ils n'en ignorent, & aïent à s'y conformer, sous les peines y portées.

## L X I.

Registres.

ORDONNONS que les Gréfiers desdites Maîtrises auront incessamment huit Registres cotez & paraphez, dont chacun servira à ce qui est prescrit par l'Ordonnance de 1669. & tiendront les Minutes du Gréfe en ordre de Liasses, année par année, chacune séparément.

## L X I I.

FAISONS défenses de recevoir & admettre aucuns Dires sur les Registres ; & n'auront les dénommez aux Procès verbaux des Oficiers, Gardes ou Facteurs, d'autre voïe de se pourvoir contre, que par l'Inscription de faux, en observant en ce cas, les formalitez nécessaires ; leur sera libre néanmoins de fournir des défenses, & de les faire signifier au Procureur du Roy, sur les Assignations à eux commises, pour y avoir en jugeant tel égard que de raison, sans en charger le Plumitif.

## L X I I I.

Minutes.

NOUS ordonnons que toutes Minutes d'Actes, concernant les Congez de Coupes & autres émanez, tant du Sieur

Grand-Maître que des Oficiers, signez d'eux ou qui leur auront été adressez, seront & demeureront déposez au Gréfe, dans l'ordre des Liasses de chacune année, pour y avoir recours au besoin, & n'en seront delivrez aux Parties, que des Expéditions collationnées & signées du Gréfier.

LXIV.

Procès verbaux de Visites du Maître Particulier & Garde-Marteau.

LE Maître Particulier & le Garde-Marteau de chacune desdites Maîtrises, déposeront au Gréfe les Procès verbaux de Visite qu'ils sont tenus de faire pendant le cours de l'année; & le jour de la remise de ces Procès verbaux, sera portée sur le Registre d'Audience, dont ils retireront Extrait; faute de quoi, ne seront païez de leurs Gages pour l'année.

LXV.

SERONT lesdits Procès verbaux communiquez au Procureur du Roy, pour sur iceux être par lui fait les diligences nécessaires.

LXVI.

Raports des Gardes.

LORSQUE les Gardes, dans la Visite de leurs Cantons, trouveront des Délits, ils en dresseront à l'instant leur Procès verbal, contenant la nature du Délit, le nom & domicile du délinquant, lequel Procès verbal sera afirmé & déposé au Gréfe, dans les delais de l'Ordonnance.

LXVII.

LORS de la remise de ces Procès verbaux, le Gréfier en datera le jour, tant au bas du Procès verbal déposé, qu'en marge du Registre du Garde, dont sera aussi-tôt delivré Expédition au Procureur du Roy, contenant pareillement les dates de la remise, de l'afirmation d'icelui, & du jour qu'il aura été expédié.

LXVIII.

Formalitez pour les condamna-

APRE'S que le Procureur du Roy aura reçû les Expéditions desdits Procès verbaux, il chargera les Huissiers ou Gar-

tions d'Amendes. des, d'en donner copie aux délinquans y dénommez, avec Assignation au plus prochain jour d'Audience.

LXIX.

Sur ces Assignations & à leur écheance, le Procureur du Roy poursuivra les Condamnations contradictoires ou par defaut, contre les délinquans ; & il sera expressément fait mention dans la Sentence qui interviendra, que lecture a été faite du Procès verbal & Exploit d'assignation, qui seront datez dans la Sentence, & seront liquidées les sommes d'Amende & Restitution prononcées, ensemble les frais & salaires des Gardes & Huissiers, taxez par ladite Sentence, dont Expédition sera delivrée au Procureur du Roy, & signifiée à sa requête aux Condamnez, avant d'être portée sur les Rôles d'Amendes.

LXX.

Rôles des Amendes.

Les Sentences bien & dûëment signifiées, seront remises au Gréfe, & emploïées sur lesdits Rôles d'Amendes, qui seront arrêtez tous les mois, conformément à ladite Ordonnance de 1669. & à l'Edit du mois de Mai 1716. & sous les peines y portées.

LXXI.

La date & le montant de chaque Rôle arrêté, seront portez sur le Registre, à la premiere Audience de chaque mois.

LXXII.

Sera delivré par le Gréfier au Receveur des Amendes, une Expédition des Rôles arrêtez, dont la Minute restera au Gréfe ; & le Receveur mettra au pied d'icelle son Récépissé, contenant la date du jour que la remise lui en aura été faite, dont sera fait mention au pied de l'Expédition delivrée ; ce qui sera signé du Receveur & du Gréfier.

LXXIII.

Comptes des Amendes.

Le Receveur des Amendes en dressera le Compte de chaque année, par Chapitres de Recette distincts, & du montant des Rôles de dépense & reprise qui doivent lui être légitimement alloüez.

LXXIV.

Procès verbaux de carence.

NE lui seront alloüez d'autres Procès verbaux de Carence, que ceux contenans l'insolvabilité du condamné, au bas duquel sera le Certificat du Curé de sa Paroisse, contenant la connoissance personnelle qu'il aura de la pauvreté du délinquant, & le Certificat du Collecteur des Tailles.

LXXV.

CHAQUE Procès verbal de Carence ne servira que pour un délinquant; faisons défenses d'y en emploïer plusieurs, sous peine de nullité & de radiation au Compte.

LXXVI.

LES Comptes seront jugez & émargez, article par article, avant d'en faire l'arrêté & reliqua, si le cas y échet.

LXXVII.

Delinquans en récidive.

APRE's la reddition des Comptes sera delivré au Procureur du Roy, un Etat contenant les noms & demeures des délinquans en Carence & en récidives, lesquels seront déclarez bannis de l'étenduë de la Maîtrise; la Sentence qui sur ce interviendra, leur sera signifiée, publiée & afichée par tout où besoin sera; & leur sera enjoint de garder leur ban, sous les peines au cas apartenant.

SERONT nos presens Réglemens lûs & publiez aux Siéges des Maîtrises de Roüen & Caudebec, & déposez aux Gréfes desdites Maîtrises, & en celui de la Grurie de Routot; ensemble nos Jugemens concernans les Riverains des Forêts de Sa Majesté, dans l'étenduë desdites Maîtrises, les Plans & Figures desdites Forêts, les Procès verbaux d'Arpentage & Bornage, faits en exécution de nos Ordonnances, pour être ensuite exécutez suivant leur forme & teneur, dont & de tout ce qui concerne la presente

Réformation, sera à la diligence du Procureur Genéral d'icelle, fait un Volume relié, & collationné par nôtre Gréfier, pour servir de régle aux Oficiers desdites Maîtrises, & par eux y avoir recours au besoin. FAIT & arrêté à Roüen, ce vingt-troisiéme jour de Juillet mil sept cens trente-neuf.

Signez, DURAND DE MISSY, DE SAVARY, LE PAIGE, CHERET, & GALLOIS DE MAQUERVILLE, avec paraphes.

*Collationné*, Signé, COUSIN DE VINVAL.

www.ingramcontent.com/pod-product-compliance
Ingram Content Group UK Ltd.
Pitfield, Milton Keynes, MK11 3LW, UK
UKHW021110260726
13994UKWH00002B/828

9 782329 344287